チンチャ やさしい 韓国語

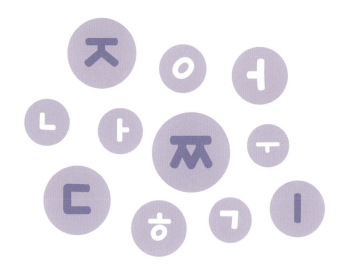

金珉秀・崔文姫・金由那

진짜 간단 한국어

HAKUEISHA

まえがき

　本書は，はじめて韓国語を学ぶ人のために作成されています。韓国語の「読む・書く・聞く・話す」すべてのスキルをバランスよく学習できるように配慮されており，大学教材としてだけでなく，独学用としても活用できます。

　本書の特徴は次のとおりです。

Part 1　文字編 1 課〜10 課

（1）〈文字〉簡潔な解説と簡単な練習問題によるハングル文字の習得

（2）〈練習〉日本語の発音に近い漢字語や外来語を活かした，覚えやすい単語練習

（3）〈書体〉文字をきれいに書くコツや，さまざまな書体に親しむための情報 (ハングル美文字への道)

Part 2　文法・会話編 1 課〜16 課

（1）〈構成〉各課は 2 部構成：A（文法）と B（会話）

（2）〈語彙〉TOPIK Ⅰとハングル能力検定 5 級・4 級相当

（3）〈文法〉簡単だが必須の項目を選定し，シンプルに解説

（4）〈会話〉自然な抑揚を習得するためのイントネーション表示

（5）〈PLUS ONE〉各課の内容を踏まえたレベルアップのための学習ポイント

　本書では，韓国語をより簡単に学べるように工夫を凝らしています。この本を通じて，韓国語が楽しい言語であることを実感し，さらに学びたいという気持ちを持っていただければとても嬉しいです。

　最後に，本書の出版をご快諾くださった博英社の宋炳敏代表，同編集部の三浦智子氏をはじめとする編集部の方々にお礼を申し上げます。

著者一同

まえがき　i

本書の音声について

以下のURLまたはQRコードからアクセスすると、本書の音声ファイルを無料でダウンロードすることができます。PCやスマートフォンなどにダウンロードしてご利用ください。

https://m.site.naver.com/1AC9E

目次

文字編

- 韓国語とハングル

第 1 課 基本母音字① ㅏ・ㅓ・ㅗ・ㅜ・ㅡ・ㅣ ……………… 6
　　　　 基本母音字② ㅑ・ㅕ・ㅛ・ㅠ ………………………… 8

第 2 課 基本子音字① ㄱ・ㄴ・ㄷ・ㄹ …………………………… 12
　　　　 発音のコツ　有声音化①

第 3 課 基本子音字② ㅁ・ㅂ・ㅅ・ㅈ …………………………… 18
　　　　 発音のコツ　有声音化②

第 4 課 基本子音字③ ㅋ・ㅌ・ㅍ・ㅊ・ㅎ ………………………… 24
　　　　 発音のコツ　平音 VS 激音

第 5 課 複合子音字 ㄲ・ㄸ・ㅃ・ㅆ・ㅉ ………………………… 30
　　　　 発音のコツ　平音 VS 激音 VS 濃音

第 6 課 複合母音字① ㅐ・ㅒ・ㅔ・ㅖ・ㅢ ………………………… 36
　　　　 発音のコツ　ㅐとㅔ, ㅒとㅖ　｜　의の発音　｜　ㅖの発音

第 7 課 複合母音字② ㅘ・ㅚ・ㅙ・ㅞ・ㅝ・ㅟ ……………………… 42
　　　　 発音のコツ　ㅚ・ㅙ・ㅞの発音

第 8 課 パッチム① ㄴ・ㅁ・ㅇ・ㄹ ………………………………… 48
　　　　 発音のコツ　パッチムㄴ・ㅁ・ㅇ・ㄹの発音　｜　連音化

第 9 課 パッチム② ㄱ・ㄷ・ㅂ ……………………………………… 54
　　　　 発音のコツ　パッチムㄱ・ㄷ・ㅂの発音　｜　濃音化

第 10 課 ハングルを楽しもう ……………………………………… 60
　　　　 ハングル字母の名称　｜　仮名のハングル表記ルール
　　　　 ハングルの入力方法　｜　いろいろな書体

文法・会話編

第 1 課 안녕하세요? こんにちは。 70
         `Point 1` -예요/이에요　`Point 2` -는/은　`Point 3` -도
         `語彙` 趣味, 職業　`あいさつ` 出会い　`発音のコツ` 激音化
         `PLUS ONE` -라고/이라고 해요

第 2 課 형제가 있어요? 兄弟がいますか。 80
         `Point 1` -가/이　`Point 2` 있어요/없어요　`Point 3` -에
         `語彙` 家族, 都市　`あいさつ` 別れ　`PLUS ONE` 우리

第 3 課 친구가 아니에요. 友だちではありません。 90
         `Point 1` -가/이 아니에요　`Point 2` 이, 그, 저, 어느
         `Point 3` -고 있어요
         `語彙` 国・言語, 動詞　`あいさつ` 感謝　`PLUS ONE` 指示語 / 代名詞

第 4 課 학교 안에 카페도 있어요. 学校の中にカフェもあります。 100
         `Point 1` 여기, 거기, 저기, 어디　`Point 2` 助詞「の (의)」の省略
         `Point 3` -네요
         `語彙` 位置, 場所　`あいさつ` 謝罪　`PLUS ONE` 複合助詞

第 5 課 몇 교시예요? 何時限ですか。 110
         `Point 1` 漢数詞　`Point 2` 疑問詞「몇」①　`Point 3` -하고, -와 /과
         `語彙` 1月〜12月, 身のまわりのもの　`あいさつ` お願い　`発音のコツ` 鼻音化
         `PLUS ONE` -입니다/입니까?

第 6 課 동생은 몇 살이에요? 弟は何歳ですか。 120
         `Point 1` 固有数詞　`Point 2` 疑問詞「몇」②　`Point 3` -보다
         `語彙` デザート, いろいろな疑問詞　`あいさつ` お祝い　`PLUS ONE` 助詞に注意①

第7課 카페에서 공부해요. カフェで勉強します. 130

Point 1 -해요　　Point 2 -에서　　Point 3 -를/을

語彙　果物, 曜日　　あいさつ　気遣い　　発音のコツ　ㅎ弱化

PLUS ONE　助詞に注意②

第8課 점심은 학교에서 먹어요. 昼食は学校で食べます. 140

Point 1 　丁寧な言い方　　Point 2 　子音語幹用言の해요体　　Point 3 -죠?

語彙　韓国料理　　あいさつ　飲食を勧める　　PLUS ONE　해요体の使い方

第9課 같이 영화 봐요. 一緒に映画を見ましょう. 150

Point 1 　母音語幹用言の해요体①　　Point 2 　母音語幹用言の해요体②

Point 3 -ㄹ까요?/을까요?

あいさつ　歓迎　　PLUS ONE　助詞に注意③

第10課 오늘은 학교 안 가요? 今日は学校に行かないですか. 160

Point 1 안　　Point 2 -지 않다　　Point 3 　으語幹用言の活用

あいさつ　飲食の前　　PLUS ONE　합니다体

第11課 전주까지 얼마나 걸려요? 全州までどのくらいかかりますか. 170

Point 1 -로/으로　　Point 2 -에서 -까지

Point 3 -ㄹ/을 수 있다 (없다)

語彙　乗り物, スポーツ　　あいさつ　飲食の後　　PLUS ONE　무슨

第12課 수업은 몇 시부터예요? 授業は何時からですか. 180

Point 1 -부터 -까지　　Point 2 -지만　　Point 3 -요

語彙　時刻の言い方　　あいさつ　外出時　　PLUS ONE　助詞に注意④

第13課 비빔밥이 맛있었어요. ビビンバがおいしかったです. 190

Point 1 -았어요/었어요　　Point 2 　ㄷ不規則用言の活用

Point 3 -한테 (에게), -한테서 (에게서)

あいさつ　帰宅時　　PLUS ONE　名前の後につく「-이」

目次　v

第 14 課 우리 집에 초대하고 싶어요. 私の家に招待したいです. 200

Point 1 -고 싶다　　Point 2 -고 싶지 않다　　Point 3 -고

あいさつ 就寝時　　PLUS ONE 程度や頻度を表す副詞

第 15 課 서울에 자주 오세요? ソウルによく来られますか. 210

Point 1 尊敬(-세요/으세요)　　Point 2 推測・意志・婉曲(-겠-)

Point 3 ㅂ不規則用言の活用

あいさつ 起床時　　PLUS ONE 特殊な尊敬形

第 16 課 오늘은 못 가요. 今日は行くことができません. 220

Point 1 못-　　Point 2 -지 못하다　　Point 3 -거든요

あいさつ ねぎらい　　PLUS ONE 「못+動詞」の発音

📖 付録 231

発音規則 ┃ 用言の活用形 ┃ 語彙リスト(韓→日，日→韓) ┃ 反切表

チンチャ やさしい 韓国語

PART

文字編

韓国語とハングル

 言語（韓国語）と文字（ハングル）

　韓国語は朝鮮語，コリア語とも呼ばれます。韓国語を表す文字は，ハングルといいます。ハングルは，世宗大王が 1443 年に作り，1446 年にその解説書（『訓民正音』）が公布されました。

ソウルの光化門広場にある世宗大王像

1 万ウォン札に描かれた世宗大王

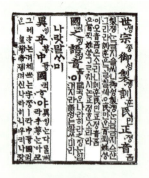

訓民正音

ハングル文字

2 韓国語の特徴

語順

日本語とほぼ同じです。

発音

漢字語と外来語の発音は日本語と似ています。

漢字語	家具 가구	無理 무리	温度 온도
外来語	トマト 토마토	チキン 치킨	アメリカ 아메리카

助詞

日本語と同じく,「が，は，を，に」などに相当する助詞があります。

저는　　친구와　　영화를 봐요.
私は　　友だちと　　映画を 見ます。

分かち書き

単語と単語の間を空けて書きます。基本的には日本語の文節（意味のまとまりで区切った単位）で分けて書きます。

저	는		학	교	에		가	요	.
私	は		学校		に		行きます		
私	は	学	校	に	行	き	ま	す	。

韓国語とハングル 3

ハングルの字母

母音を表す字母が21個,子音を表す字母が19個あります。

母音字	ㅏ ㅑ ㅓ ㅕ ㅗ ㅛ ㅜ ㅠ ㅡ ㅣ ㅐ ㅒ ㅔ ㅖ ㅘ ㅙ ㅚ ㅝ ㅞ ㅟ ㅢ
子音字	ㄱ ㄴ ㄷ ㄹ ㅁ ㅂ ㅅ ㅇ ㅈ ㅊ ㅋ ㅌ ㅍ ㅎ ㄲ ㄸ ㅃ ㅆ ㅉ

※ 母音とは,ローマ字で日本語を書いたときの「a, i, u, e, o」などで,子音とは「k, h, m, n」などです。

 ハングルの構造

日本語には子音（k, h, m など）だけを表す文字がありません。韓国語には英語と同様に,子音だけを表す文字があります。たとえば,韓国語では,[ha] と [ham] を次のように書きます。

また,文字の最初の子音を「初声」,次の母音を「中声」,そして母音の次に来る子音を「終声」といいます。「終声」は「パッチム（받침）」ともいいます。

チンチャ やさしい 韓国語

ハングル文字の組み合わせ

　ハングル文字の組み合わせには，①子音字＋母音字，②子音字＋母音字＋子音字の２つがあります。母音字は，母音字が子音字の右に来るものと，母音字が子音字の下に来るものがあります。

① 子音字＋母音字

　＜母音字が子音字の右＞　　　　＜母音字が子音字の下＞

② 子音字＋母音字＋子音字

　＜母音字が子音字の右＞　　　　＜母音字が子音字の下＞

韓国語とハングル

基本母音字

基本母音字① ｜ ㅏ・ㅓ・ㅗ・ㅜ・ㅡ・ㅣ

字母	発音	書き順
ㅏ	[a]	口を大きく広げて「ア」
ㅓ	[ɔ]	口を大きく広げて「オ」
ㅗ	[o]	唇を丸く突き出して「オ」
ㅜ	[u]	唇を丸く突き出して「ウ」
ㅡ	[ɯ]	口を横に広げて「ウ」
ㅣ	[i]	口を横に広げて「イ」

文字の書き方

ハングルは，「子音字＋母音字」の組み合わせで1つの文字になります。母音字のみを書くときも，無音の子音字「ㅇ」をつけて書きます。

 文字の最初に来る子音字。上から反時計回りに丸く書く。

練習1　発音しながら書いてみましょう。　1-1

母音字 子音字	ㅏ	ㅓ	ㅗ	ㅜ	ㅡ	ㅣ
ㅇ	아	어	오	우	으	이
ㅇ						
ㅇ						
ㅇ						
ㅇ						

※ 縦長（ㅣ）の母音字（ㅏ, ㅓ, ㅣなど）は子音字の右に, 横長（ㅡ）の母音字（ㅗ, ㅜ, ㅡなど）は子音字の下に書きます。

練習2　発音しながら書いてみましょう。　1-2

(1) 오
5

(2) 이
2

(3) 아이
子供

(4) 오이
きゅうり

(5) 우아
優雅

1課　基本母音字

基本母音字② ㅑ・ㅕ・ㅛ・ㅠ

字母	発音		書き順
ㅑ	[ja]	口を大きく広げて「ヤ」	
ㅕ	[jɔ]	口を大きく広げて「ヨ」	
ㅛ	[jo]	唇を丸く突き出して「ヨ」	
ㅠ	[ju]	唇を丸く突き出して「ユ」	

※ 基本母音字ㅏ，ㅓに短い横棒を加えるとㅑ，ㅕになります。また，ㅗ，ㅜに短い縦棒を加えるとㅛ，ㅠになります。

 発音しながら書いてみましょう。

子音字 \ 母音字	ㅑ	ㅕ	ㅛ	ㅠ
ㅇ	야	여	요	유
ㅇ				
ㅇ				
ㅇ				
ㅇ				

8　チンチャ やさしい 韓国語

 練習4　発音しながら書いてみましょう。 1-4

(1) 우유　牛乳

(2) 여우　キツネ

(3) 여유　余裕

(4) 유아　幼児

 練習5　基本母音字10個を発音しながら書いてみましょう。 1-5

母音字 子音字	ㅏ	ㅑ	ㅓ	ㅕ	ㅗ	ㅛ	ㅜ	ㅠ	ㅡ	ㅣ
ㅇ	아	야	어	여	오	요	우	유	으	이
ㅇ										
ㅇ										
ㅇ										
ㅇ										
ㅇ										

※ 辞書では「ㅏㅑㅓㅕㅗㅛㅜㅠㅡㅣ」の順序で並んでいます。

1課　基本母音字

練習 6 発音に注意しながら読んでみましょう。

(1) ① 오 　　② 어
(2) ① 으유 　② 우유
(3) ① 어이 　② 오이
(4) ① 우아 　② 으아
(5) ① 여우 　② 요우

 練習 7 次の単語を韓国語に訳し，丁寧に書いてみましょう。

(1) 2
(2) 子供
(3) 牛乳
(4) きゅうり
(5) 余裕

 練習 8 次の中から，1つしかない文字を探して単語を作りましょう。

(1)　　　　　　　　　　　　(2)

ハングル美文字への道

　ハングルにも明朝体やゴシック体など，さまざまな書体があります。書体や手書きのスタイルによって文字が違って見えるものもありますが，きれいにハングルを書くには基本的なルールを守ることが大事です。

✏️ 手書きできれいに書くコツ

○は点をつけず，丸く

| ○ | ✗ |

縦棒はまっすぐに

| 아 | ✗ |

横棒は水平に

| 아 | ✗ |

横棒と縦棒はくっつける

| 우 유 여 야 | 우 유 ✗ 어 이 |

縦棒と横棒の間隔が広がり過ぎないように

| 유 야 | 유 ✗ |

✏️ いろいろな書体

여우 여우 여우 여우 여우 여우 여우 여우

※ ○には，上に点がある書体や우, 이のように横長丸や縦長丸の書体もあります。

1課 基本母音字

2 基本子音字①

 基本子音字 ㄱ・ㄴ・ㄷ・ㄹ

字母	発音		書き順
ㄱ	[k] [g]	語頭ではカ行の子音と同じ 語中ではガ行の子音と同じ	
ㄴ	[n]	ナ行の子音と同じ	
ㄷ	[t] [d]	語頭ではタ行の子音と同じ 語中ではダ行の子音と同じ	
ㄹ	[r]	ラ行の子音と同じ	

文字の書き方

ㄱは，左に書く場合と上に書く場合で形が少し違います。

가　　左にㄱを書くときは，カタカナ「フ」のように！

고　　上にㄱを書くときは，まっすぐ下に！

라　← 라　ㄹの最後を跳ねない！

 練習1　発音しながら書いてみましょう。

子音字＼母音字	ㅏ	ㅑ	ㅓ	ㅕ	ㅗ	ㅛ	ㅜ	ㅠ	ㅡ	ㅣ
ㄱ	가	갸	거	겨	고	교	구	규	그	기
ㄴ	나	냐	너	녀	노	뇨	누	뉴	느	니
ㄷ	다	댜	더	뎌	도	됴	두	듀	드	디
ㄹ	라	랴	러	려	로	료	루	류	르	리

※「디」は「チ」ではなく「ティ」と発音し、「두, 드」は「ツ」ではなく「トゥ」と発音します。

2課　基本子音字①　13

発音のコツ：有声音化①

ㄱとㄷは, 語頭では無声音([k], [t])ですが, 語中（母音の後）では, 有声音([g], [d]) になります。

구 [ku] 9　　　　가구 [kagu] 家具
도로 [toro] 道路　　라디오 [radio] ラジオ

 練習2　発音に注意しながら読んでみましょう。　

(1) ① 구　　② 야구　野球
(2) ① 구　　② 가구　家具
(3) ① 기　　② 고기　肉
(4) ① 디　　② 라디오　ラジオ
(5) ① 두　　② 구두　靴

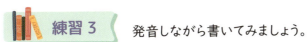 練習3　発音しながら書いてみましょう。 2-4

(1) 구
q

(2) 야구
野球

(3) 가구
家具

(4) 고기
肉

(5) 도로
道路

(6) 요리
料理

(7) 구두
靴

(8) 아뇨
いいえ

(9) 라디오
ラジオ

(10) 나고야
名古屋

2課　基本子音字①　15

練習 4　次の単語を韓国語に訳し，丁寧に書いてみましょう。

(1) 肉

(2) 料理

(3) 野球

(4) 靴

(5) いいえ

 練習 5　縦・横・斜めに隠された 6 つの言葉を見つけましょう。

리	야	거	니	라
느	구	고	기	디
도	려	두	여	오
로	료	요	리	누

 練習 6　次の単語を読んで，発音から意味を推測してみましょう。

(1) 요가

(2) 기구

(3) 나라

(4) 유료

(5) 아이디

(6) 나가노

16　チンチャ やさしい 韓国語

ハングル美文字への道

　書体や手書きのスタイルによって文字が違って見えるものもありますが，きれいにハングルを書くには基本的なルールを守るのが大事です。

✏ 手書きできれいに書くコツ

母音字が下に来る ㄱ は，最後の画をまっすぐに

<table>
<tr><td>고 교</td><td>ㄱ ~~조~~ 죠</td></tr>
</table>

ㄷ は上部の横棒と下部の縦棒が接する位置に注意

<table>
<tr><td>ㄷ ㄷ</td><td>ㄴ ~~ㄴ~~ ㄴ</td></tr>
</table>

ㄹ は最後の画を跳ねない

<table>
<tr><td>ㄹ</td><td>~~ㄹ~~</td></tr>
</table>

✏ いろいろな書体

고기　고기　**고기**　고기　고기　고기　고기　고기

다리　다리　**다리**　다리　다리　다리　다리　다리

※ ㄴ，ㄷ，ㄹ には，右に母音字（ㅏ，ㅓ，ㅣなど）が来る場合，最後の画がやや右上がりになる書体（나，다，라など）もあります。

2課　基本子音字①　　17

3 基本子音字②

📖 **基本子音字 ㅁ・ㅂ・ㅅ・ㅈ**

字母	発音		書き順
ㅁ	[m]	マ行の子音と同じ	
ㅂ	[p] [b]	語頭ではパ行の子音と同じ 語中ではバ行の子音と同じ	
ㅅ	[s]	サ行の子音と同じ	
ㅈ	[tʃ] [dʒ]	語頭ではチャ行の子音と同じ 語中ではジャ行の子音と同じ	

文字の書き方

ㅁ	漢字「口」のように
ㅅ	漢字「人」のように
ㅈ	カタカナ「ス」のように

18　チンチャ やさしい 韓国語

練習1 発音しながら書いてみましょう。

子音字＼母音字	ㅏ	ㅑ	ㅓ	ㅕ	ㅗ	ㅛ	ㅜ	ㅠ	ㅡ	ㅣ
ㅁ	마	먀	머	며	모	묘	무	뮤	므	미
ㅂ	바	뱌	버	벼	보	뵤	부	뷰	브	비
ㅅ	사	샤	서	셔	소	쇼	수	슈	스	시
ㅈ	자	쟈	저	져	조	죠	주	쥬	즈	지

発音のコツ：有声音化②

ㅂとㅈは，語頭では無声音（[p]，[ʧ]）ですが，語中（母音の後）では，有声音（[b]，[ʤ]）になります。

부부 [pubu] 夫婦　　　자주 [ʧaʤu] しょっちゅう

ただし，ㅅは，語頭でも語中でも有声音化しません。

소수 [sosu] 少数

 練習2　発音に注意しながら読んでみましょう。

(1) ① 부　　② 두부 豆腐

(2) ① 버　　② 아버지 お父さん

(3) ① 자　　② 모자 帽子

(4) ① 주　　② 주스 ジュース

(5) ① 수　　② 가수 歌手

가수?

가스?

 **練習3**　発音しながら書いてみましょう。

(1) **도시**
都市

(2) **무료**
無料

(3) **가수**
歌手

(4) **주스**
ジュース

(5) **버스**
バス

(6) **두부**
豆腐

(7) **모자**
帽子

(8) **바나나**
バナナ

(9) **아버지**
父

(10) **어머니**
母

練習 4　次の単語を韓国語に訳し，丁寧に書いてみましょう。

(1) 母　_____　_____　_____

(2) バス　_____　_____　_____

(3) 帽子　_____　_____　_____

(4) 歌手　_____　_____　_____

(5) 豆腐　_____　_____　_____

 練習 5　縦・横・斜めに隠された 6 つの言葉を見つけましょう。

어	아	오	가	즈
시	머	버	스	수
두	수	니	지	모
부	브	주	스	자

 練習 6　次の単語を読んで，発音から意味を推測してみましょう。

(1) 지리　　　　(2) 조사

(3) 무리　　　　(4) 스시

(5) 드라마　　　(6) 드라이브

(7) 로마　　　　(8) 시부야

(9) 야마나시　　(10) 고바야시

チンチャ やさしい 韓国語

ハングル美文字への道

 手書きできれいに書くコツ

ㅂは横棒が縦棒からはみ出ないように

| ㅂ | ㅂ×ㅂ |

ㅈはカタカナ「ス」のように

| ㅈ | ㅈ× |

ㅅの幅は下に来る母音字の横棒より短めに

| 소 쇼 수 슈 | 소 쇼 ×수 슈 |

ㅈの幅は下に来る母音字の横棒より短めに

| 조 주 즈 | 조 ×주 즈 |

 いろいろな書体

| 주스 주스 주스 주스 주스 주스 주스 주스 |

| 무비 무비 무비 무비 무비 무비 무비 무비 |

3課 基本子音字② 23

4 基本子音字③

📖 **基本子音字 ㅋ・ㅌ・ㅍ・ㅊ・ㅎ**

「ㅋ・ㅌ・ㅍ・ㅊ」のように強い息を伴うものを「激音」といいます。激音は語頭でも語中でも濁りません。

字母	発音		書き順
ㅋ	[kʰ]	カ行の子音と同じ，息を強く！	ㅋ
ㅌ	[tʰ]	タ・テ・ト行の子音と同じ，息を強く！	ㅌ
ㅍ	[pʰ]	パ行の子音と同じ，息を強く！	ㅍ
ㅊ	[ʧʰ]	チャ行の子音と同じ，息を強く！	ㅊ
ㅎ	[h]	ハ行の子音と同じ	ㅎ

文字の書き方

ㅋは，左に書く場合と上に書く場合で形が少し違います。

카　　左にㅋを書くときは，最後の画を左下へ斜めに！

코　　上にㅋを書くときはまっすぐ下に！

チンチャ やさしい 韓国語

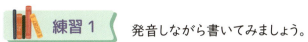

練習1 発音しながら書いてみましょう。

母音字 子音字	ㅏ	ㅑ	ㅓ	ㅕ	ㅗ	ㅛ	ㅜ	ㅠ	ㅡ	ㅣ
ㅋ	카	캬	커	켜	코	쿄	쿠	큐	크	키
ㅌ	타	탸	터	텨	토	툐	투	튜	트	티
ㅍ	파	퍄	퍼	펴	포	표	푸	퓨	프	피
ㅊ	차	챠	처	쳐	초	쵸	추	츄	츠	치
ㅎ	하	햐	허	혀	호	효	후	휴	흐	히

4課 基本子音字③

発音のコツ：平音 VS 激音　

激音ㅋ・ㅌ・ㅍ・ㅊは，平音ㄱ・ㄷ・ㅂ・ㅈに比べて，強い息を伴います。

平音 （息を普通に出す）	激音 （息を強く出す）
가	카
다	타
바	파
자	차

練習2　発音に注意しながら読んでみましょう。　

(1) ① 고　② 코
(2) ① 디　② 티
(3) ① 비　② 피
(4) ① 저　② 처
(5) ① 우　② 후

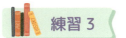 練習3　　発音しながら書いてみましょう。

(1) 차
お茶，車

(2) 코
鼻

(3) 커피
コーヒー

(4) 치즈
チーズ

(5) 포도
ぶどう

(6) 하나
一つ

(7) 토마토
トマト

(8) 아파트
マンション

(9) 스포츠
スポーツ

(10) 크리스마스
クリスマス

4課　基本子音字③

練習 4 次の単語を韓国語に訳し，丁寧に書いてみましょう。

(1) お茶，車　_____

(2) コーヒー　_____

(3) スポーツ　_____

(4) ぶどう　_____

(5) 1つ　_____

 練習 5 次の単語を読んで，発音から地名・人名を推測してみましょう。

(1) 파리　　　　(2) 도쿄

(3) 교토　　　　(4) 오사카

(5) 아이치　　　(6) 요코하마

(7) 시즈오카　　(8) 후쿠오카

(9) 다나카　　　(10) 스즈키

 練習 6 次の単語を読んで，発音から意味を推測してみましょう。

(1) 치료　　　　(2) 파티

(3) 피자　　　　(4) 카드

(5) 파스타　　　(6) 코코아

(7) 마스크　　　(8) 유튜브

(9) 아르바이트　(10) 아이스커피

PIZZA CAT

ハングル美文字への道

✏️ 手書きできれいに書くコツ

ㅋは2画目の横棒を水平に，縦棒からはみ出ないように

ㅋは横棒と縦棒が接する位置に注意

ㅍは縦棒が横棒からはみ出ないように

ㅊの上の短い棒は，「l，ヽ，−」のどれでもよい

ㅎの上の短い棒は，「l，ヽ，−」のどれでもよい

母音字が下に来るㅋは，最後の画をまっすぐに

いろいろな書体

쿠키	쿠키	쿠키	쿠키	쿠키	쿠키	쿠키	쿠키
파티	파티	파티	파티	파티	파티	파티	파티
치즈	치즈	치즈	치즈	치즈	치즈	치즈	치즈
하나	하나	하나	하나	하나	하나	하나	하나

4課 基本子音字③

5 複合子音字

複合子音字 ㄲ・ㄸ・ㅃ・ㅆ・ㅉ

「ㄲ・ㄸ・ㅃ・ㅆ・ㅉ」のように息を出さずに喉を詰まらせる音を「濃音」といいます。濃音は語頭でも語中でも濁りません。

字母	発音		書き順
ㄲ	[ʔk]	「まっか」の「っか」の音	ㄲ
ㄸ	[ʔt]	「やった」の「った」の音	ㄸ
ㅃ	[ʔp]	「やっぱり」の「っぱ」の音	ㅃ
ㅆ	[ʔs]	「あっさり」の「っさ」の音	ㅆ
ㅉ	[ʔtʃ]	「ぽっちゃり」の「っちゃ」の音	ㅉ

文字の書き方

ㄲは，左に書く場合と上に書く場合で少し形が違います。

 左にㄲを書くときは，最後の画を左下へ斜めに！

 上にㄲを書くときはまっすぐ下に！

濃音字ㄲ・ㄸ・ㅃ・ㅆ・ㅉは，それぞれの平音字ㄱ・ㄷ・ㅂ・ㅅ・ㅈを2つ並べて書きます。

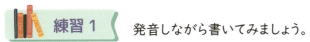 発音しながら書いてみましょう。

母音字 子音字	ㅏ	ㅑ	ㅓ	ㅕ	ㅗ	ㅛ	ㅜ	ㅠ	ㅡ	ㅣ
ㄲ	까	꺄	꺼	껴	꼬	꾜	꾸	뀨	끄	끼
ㄸ	따	땨	떠	뗘	또	뚀	뚜	뜌	뜨	띠
ㅃ	빠	뺘	뻐	뼈	뽀	뾰	뿌	쀼	쁘	삐
ㅆ	싸	쌰	써	쎠	쏘	쑈	쑤	쓔	쓰	씨
ㅉ	짜	쨔	쩌	쪄	쪼	쬬	쭈	쮸	쯔	찌

5課 複合子音字

発音のコツ：平音 VS 激音 VS 濃音　

激音 ㅋ・ㅌ・ㅍ・ㅊ は，平音 ㄱ・ㄷ・ㅂ・ㅈ に比べて，強い息を伴います。濃音 ㄲ・ㄸ・ㅃ・ㅆ・ㅉ は息を出さずに喉を詰まらせる音です。

平音 （息を普通に出す）	激音 （息を強く出す）	濃音 （息を出さず喉を緊張させて出す）
가	카	까
다	타	따
바	파	빠
자	차	짜
사		싸

 練習 2　発音の違いに注意しながら，読んでみましょう。　

(1) ① 고　　② 코　　③ 꼬

(2) ① 도　　② 토　　③ 또

(3) ① 바　　② 파　　③ 빠

(4) ① 자요　② 차요　③ 짜요

(5) ① 사요　② 싸요

 練習3　発音しながら書いてみましょう。

(1) 또
また

(2) 아빠
パパ，父

(3) 토끼
ウサギ

(4) 꼬리
しっぽ

(5) 아저씨
おじさん

(6) 코끼리
ゾウ

(7) 싸요.
（値段が）
安いです。

(8) 짜요.
しょっぱいです。

(9) 비싸요.
（値段が）
高いです。

(10) 바빠요.
忙しいです。

5課　複合子音字

練習 4　次の単語を韓国語に訳し，丁寧に書いてみましょう。

(1) ウサギ　　　＿＿＿＿＿＿　＿＿＿＿＿＿　＿＿＿＿＿＿

(2) パパ，父　　＿＿＿＿＿＿　＿＿＿＿＿＿　＿＿＿＿＿＿

(3) ゾウ　　　　＿＿＿＿＿＿　＿＿＿＿＿＿　＿＿＿＿＿＿

(4) しょっぱいです。＿＿＿＿＿＿　＿＿＿＿＿＿　＿＿＿＿＿＿

(5) （値段が）高いです。＿＿＿＿＿＿　＿＿＿＿＿＿　＿＿＿＿＿＿

 縦・横・斜めに隠された6つの言葉を見つけましょう。

오	싸	요	쩌	짜
떠	코	아	뻐	요
토	끼	빠	저	바
찌	리	아	서	씨

 練習 6　次は韓国のインスタントラーメンの写真です。商品名にある濃音字ㄲ，ㄸ，ㅃ，ㅆ，ㅉを探してみましょう。

ハングル美文字への道

 手書きできれいに書くコツ

ㄲはㄱを2つ重ねて書き，最後の画を跳ねない

| ㄲ | ㄲ(×) |

ㅉはㅈを2つ重ねて書く

| ㅉ | ㅉ(×) |

母音字が下に来るㄲは，右側の縦棒をまっすぐに

| 꼬 꾸 끄 | 꼬 꾸 끄(×) |

子音字同士が横に広がりすぎないように

| 끼 또 쭈 | 끼 또 쭈(×) |

 いろいろな書体

| 아빠 아빠 아빠 아빠 아빠 아빠 아빠 아빠 |

| 짜요 짜요 짜요 짜요 짜요 짜요 짜요 짜요 |

6 複合母音字①

📖 複合母音字 ㅐ・ㅒ・ㅔ・ㅖ・ㅢ

字母	発音		書き順
ㅐ	[ɛ]	日本語の「エ」と同じ	
ㅒ	[jɛ]	日本語の「イェ」と同じ	
ㅔ	[e]	日本語の「エ」と同じ	
ㅖ	[je]	日本語の「イェ」と同じ	
ㅢ	[ɯi]	口を横に引いたまま「ウィ」	

📚 練習1　発音しながら書いてみましょう。　

子音字＼母音字	ㅐ	ㅒ	ㅔ	ㅖ	ㅢ
ㅇ	애	얘	에	예	의
ㅇ					
ㅇ					
ㅇ					

36　チンチャ やさしい 韓国語

発音のコツ：ㅐとㅔ，ㅒとㅖ

ㅐとㅔは「エ」と発音し，ㅒとㅖは「イェ」と発音します。ただし，書くときはしっかり区別しましょう。

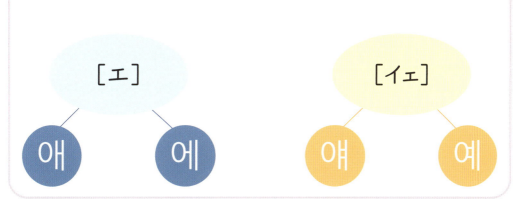

練習2 発音に注意しながら，読んでみましょう。

(1) ① 개　　② 게
(2) ① 내　　② 네
(3) ① 새　　② 세
(4) ① 얘　　② 예
(5) ① 으　　② 이　　③ 의

| 発音のコツ：의の発音 | |

의は，位置や意味によって発音が変わります。

位置・意味	発音	例
① 語頭	[의] ウィ	의사[의사] 医者
② 語頭以外	[이] イ	주의[주이] 注意
③ 助詞「の」	[에] エ	아이의[아이에] 우유 子供の牛乳

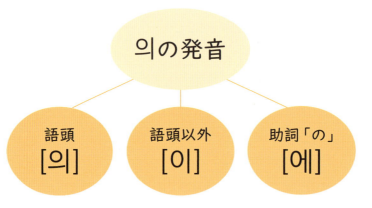

 発音に注意しながら，読んでみましょう。

(1) ① 의의 意義　　② 이이

(2) ① 의사 医者　　② 으사

(3) ① 예의 礼儀　　② 에이

(4) ① 주의 注意　　② 주에

(5) ① 우유의 牛乳の　② 우유으

練習4 発音しながら書いてみましょう。

(1) 네
はい

(2) 배
お腹，梨，船

(3) 노래
歌

(4) 메모
メモ

(5) 카페
カフェ

(6) 찌개
チゲ

(7) 얘기
話

(8) 시계
時計

(9) 의자
椅子

(10) 예뻐요.
かわいいです。

発音のコツ：ㅖの発音

ㅇ以外の子音字につく「ㅖ」は「ㅔ」と発音されます。

表記：시계 時計　　発音：[시게]

6課 複合母音字①　39

練習 5　次の単語を韓国語に訳し，丁寧に書いてみましょう。

(1) はい

(2) カフェ

(3) 椅子

(4) 歌

(5) 時計

 練習 6　次の単語を読んで，発音から意味を推測してみましょう。

(1) 카레　　(2) 메뉴

(3) 카메라　(4) 테니스

(5) 하코네　(6) 마요네즈

(7) 카페라테　(8) 아메리카

(9) 스파게티　(10) 이노우에

 練習 7　次の中にある母音字ㅐ，ㅔ，ㅢを探してみましょう。

ハングル美文字への道

 手書きできれいに書くコツ

横棒は水平に

애 얘　　　애 얘 애 얘

縦棒と横棒はくっつける

애 얘 에 예　　　애 얘 에 예

의の縦棒は横棒の下まで伸ばす

의　　　의

縦棒と横棒の間隔は広がり過ぎないように

애 예　　　애 애 예

 いろいろな書体

| 개 개 개 개 개 개 개 개 개 |
| 네 네 네 네 네 네 네 네 네 |
| 의사 의사 의사 의사 의사 의사 의사 의사 |

6課 複合母音字① 41

7 複合母音字②

複合母音字 ㅘ・ㅚ・ㅙ・ㅞ・ㅝ・ㅟ

字母	発音		書き順
ㅘ	[wa]	日本語の「ワ」と同じ	ㅘ
ㅚ	[we]	日本語の「ウェ」と同じ	ㅚ
ㅙ	[wɛ]		ㅙ
ㅞ	[we]		ㅞ
ㅝ	[wɔ]	日本語の「ウォ」と同じ	ㅝ
ㅟ	[wi]	日本語の「ウィ」と同じ	ㅟ

練習 1 発音しながら書いてみましょう。 7-1

子音字＼母音字	ㅘ	ㅚ	ㅙ	ㅞ	ㅝ	ㅟ
ㅇ	와	외	왜	웨	워	위
ㅇ						
ㅇ						
ㅇ						

42　チンチャ やさしい 韓国語

発音のコツ：ㅚ・ㅙ・ㅞの発音

ㅚ・ㅙ・ㅞは，すべて「ウェ」と発音します。ただし，書くときはしっかり区別しましょう。

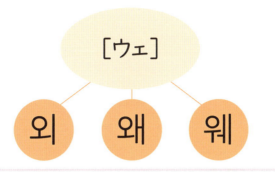

 練習 2　発音の違いに注意しながら，読んでみましょう。

(1) ①괴　②괘　③궤
(2) ①무　②머　③뭐
(3) ①주　②저　③줘
(4) ①구　②기　③귀
(5) ①오　②아　③와

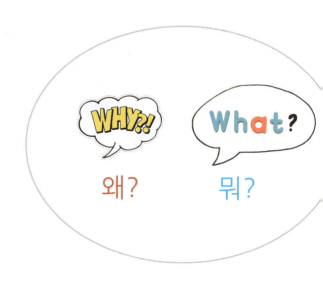

왜?　뭐?

7課 複合母音字② 43

練習 3　発音しながら書いてみましょう。

(1) 위
　　上

(2) 귀
　　耳

(3) 과자
　　お菓子

(4) 사과
　　リンゴ

(5) 취미
　　趣味

(6) 회사
　　会社

(7) 스웨터
　　セーター

(8) 왜요?
　　なぜですか。

(9) 뭐예요?
　　何ですか。

(10) 고마워요.
　　ありがとうございます。

練習 4 次の単語を韓国語に訳し，丁寧に書いてみましょう。

(1) 上　　　　_____　_____　_____

(2) リンゴ　　_____　_____　_____

(3) お菓子　　_____　_____　_____

(4) 趣味　　　_____　_____　_____

(5) 会社　　　_____　_____　_____

 練習 5 次の単語を読んで，発音から意味を推測してみましょう。 7-5

(1) 샤워　　　　　　(2) 파워

(3) 키위　　　　　　(4) 스위스

(5) 하와이　　　　　(6) 와이파이

(7) 와타나베　　　　(8) 가나가와

(9) 노르웨이　　　　(10) 소프트웨어

 練習 6 次の中にある母音字ㅘ, ㅚ, ㅝを探してみましょう。

7課　複合母音字②

日本地図

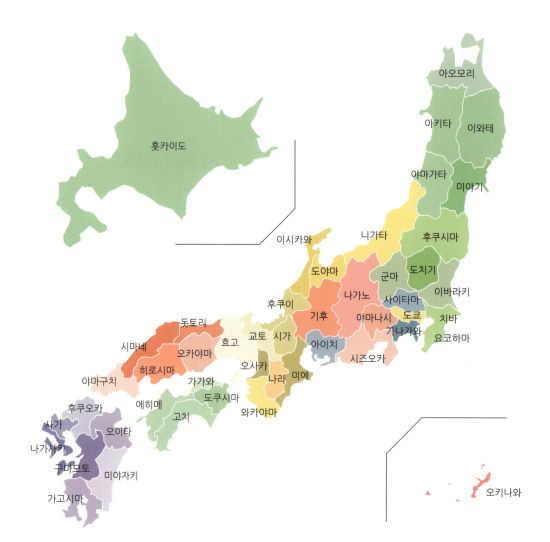

ハングル美文字への道

✏️ **手書きできれいに書くコツ**

와・외・왜は，ㅗを書いてからㅏ・ㅣ・ㅐをバランスよく

와 외 왜　　와　외　~~외~~　애　왜

워・웨・위は，ㅜを書いてからㅓ・ㅔ・ㅣをバランスよく

워 웨 위　　워　~~웨~~　위

※「오ㅓ・오ㅔ~~×~~우ㅏ・우ㅐ」は，文字として存在しません。

✏️ **いろいろな書体**

| 과자 | 과자 | 과자 | 과자 | 과자 | 과자 | 과자 | 과자 |

| 왜 | 왜 | 왜 | 왜 | 왜 | 왜 | 왜 | 왜 | 왜 |

| 파워 | 파워 | 파워 | 파워 | 파워 | 파워 | 파워 | 파워 |

| 취미 | 취미 | 취미 | 취미 | 취미 | 취미 | 취미 | 취미 |

7課 複合母音字② **47**

8 パッチム①

📖 パッチム ㄴ・ㅁ・ㅇ・ㄹ

文字の最初の子音を「初声」, 次の母音を「中声」, 母音の次に来る子音を「終声」といいます。終声字母は「パッチム」ともいいます。

字母	発音	
ㄴ	[n]	英語の [n] と同じ 舌先を上の前歯につける
ㅁ	[m]	英語の [m] と同じ 唇をしっかり閉じる
ㅇ	[ŋ]	英語の [ŋ] と同じ 舌を喉の奥に持っていき（舌を口の上部につけずに），口を開けたまま発音
ㄹ	[l]	英語の [l] と同じ 舌先を上歯茎の後ろ（ラ行を言うときの場所）にしっかりつける

チンチャ やさしい 韓国語

 **練習 1**　母音字とパッチムを組み合わせて，発音しながら書いてみましょう。

	아	야	어	여	오	요	우	유	으	이
ㄴ	안						운			
ㅁ			엄							
ㅇ							웅			
ㄹ					올					일

発音のコツ：パッチム ㄴ・ㅁ・ㅇ・ㄹ の発音

　すべて日本語の「ん」のように聞こえますが，韓国語では全く異なる音として区別します。舌や唇の位置が発音のポイントです。

안 [an]	암 [am]	앙 [aŋ]	알 [al]
「あんない」の「あん」※舌先を上前歯につける	「あんまり」の「あん」※唇を閉じる	「あんこ」の「あん」※口を開ける	「アッラー」の「あっ」※舌先を上歯茎の後ろにつける

 練習 2　発音の違いに注意しながら読んでみましょう。

(1) ①긴　②김　③깅　④길
(2) ①넌　②넘　③넝　④널
(3) ①반　②밤　③방　④발
(4) ①손　②솜　③송　④솔

発音のコツ：連音化

パッチムの後にㅇから始まる文字が来ると，ㅇの代わりに前の文字のパッチムが発音されます。ただし，パッチムㅇの場合は，連音化せずに発音します。

表記	発音		表記	発音	
한일	[하닐]	韓日	영어	[영어]	英語
발음	[바름]	発音	고양이	[고양이]	猫
금은	[그믄]	金銀			

 練習 3 発音に注意しながら読んでみましょう。

(1) ①음　②악　③음악 音楽
(2) ①산 山　②이 が　③산이 山が
(3) ①곰 熊　②은 は　③곰은 熊は
(4) ①방 部屋　②에 に　③방에 部屋に
(5) ①별 星　②을 を　③별을 星を

 練習 4 連音化が起こるものを選んでみましょう。

(1) 월요일 月曜日　(2) 화요일 火曜日
(3) 수요일 水曜日　(4) 금요일 金曜日
(5) 토요일 土曜日　(6) 일요일 日曜日

練習 5 発音しながら書いてみましょう。

(1) 산　山　

(2) 빵　パン　

(3) 물　水　

(4) 공부　勉強　

(5) 일본　日本　

(6) 사람　人　

(7) 가방　カバン　

(8) 친구　友だち　

(9) 딸기　イチゴ　

(10) 선생님　先生　

사람　사랑

練習 6 次の単語を韓国語に訳し，丁寧に書いてみましょう。

(1) パン

(2) 人

(3) 日本

(4) 先生

(5) 勉強

 練習 7 次の単語を読んで，発音から意味を推測してみましょう。

(1) 간단　(2) 김치

(3) 치킨　(4) 우동

(5) 라면　(6) 쇼핑

(7) 호텔　(8) 콘서트

(9) 컴퓨터　(10) 아이스크림

 練習 8 次の中にあるパッチムㄴ，ㅁ，ㅇ，ㄹを探してみましょう。

ハングル美文字への道

 手書きできれいに書くコツ

パッチムㄴは最後の画を水平に

| 난 | 낟 |

パッチムㅇは,ㅇの点を書かずに丸く

| 상 | 샹 |

パッチムㄹは最後の画を跳ねない

| 말 | 맕 |

パッチムは上の字母の幅を超えないように

| 감 랄 | 감 랄 |

 いろいろな書体

김 김 김 김 김 김 김 김

방 방 방 방 방 방 방 방

일본 일본 일본 일본 일본 일본 일본 일본

9 パッチム②

📖 パッチム ㄱ・ㄷ・ㅂ

字母		発音	
ㄱ	ㅋ ㄲ	[k]	英語の [k] と同じ 舌の奥を上あごの奥にしっかりつけて発音する
ㄷ	ㅌ ㅅ ㅆ ㅈ ㅊ ㅎ	[t̚]	英語の [t] と同じ 上の歯の裏側にしっかりつけ，息を止めて発音する
ㅂ	ㅍ	[p]	英語の [p] と同じ 唇をしっかり閉じて発音する

※ ㅋ，ㄲはㄱと同じ発音，ㅌ・ㅅ・ㅆ・ㅈ・ㅊ・ㅎはㄷと同じ発音，ㅍはㅂと同じ発音です。発音が同じでも文字が違うので注意しましょう。

文字の書き方

ㄱは，左に書く場合と上に書く場合で形が少し違います。

각　국

パッチムㄱを書くときは，まっすぐ下に！

 **練習1** 母音字と子音字（パッチム）を組み合わせて，発音しながら書いてみましょう。

9-1

	아	야	어	여	오	요	우	유	으	이
ㄱ	악						욱			
ㄷ					돈					
ㅂ									읍	

発音のコツ：パッチム ㄱ・ㄷ・ㅂ の発音

すべて日本語の「ッ」のように聞こえますが，韓国語では全く異なる音として区別します。舌や唇の位置が発音のポイントです。

악・악・악 [ak]	앋・앝・앗 [at]	압・앞 [ap]
「あっか」の「あっ」 ※口を開ける	「あった」の「あっ」 ※舌先を上前歯につける	「アップ」の「あっ」 ※唇を閉じる

 **練習2** 発音の違いに注意しながら，読んでみましょう。

(1) ①각 ②갇 ③갑
(2) ①억 ②엇 ③업
(3) ①낚 ②낳 ③납
(4) ①섞 ②섰 ③섭

9課 パッチム②

発音のコツ：濃音化

　パッチムㄱ, ㄷ, ㅂの後にㄱ・ㄷ・ㅂ・ㅅ・ㅈが来ると, 濃音 [ㄲ・ㄸ・ㅃ・ㅆ・ㅉ]で発音されます。ただし, 自然と濃音の発音になるので, 特に意識しなくても大丈夫です。

　　　　　　表記　　　　発音

　　　　　학교　　　[학꾜] 学校

　　　　　숟가락　 [숟까락] スプーン

　　　　　잡지　　　[잡찌] 雑誌

 発音の違いに注意しながら, 読んでみましょう。

(1) ① 구　② 축구 サッカー

(2) ① 도　② 속도 速度

(3) ① 밥　② 국밥 クッパ

(4) ① 상　② 책상 机

(5) ① 집　② 맛집 おいしい店

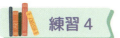 **練習4**　発音しながら書いてみましょう。

(1) 약
薬

(2) 옷
服

(3) 밥
ごはん

(4) 옆
横

(5) 밖
外

(6) 꽃
花

(7) 부엌
台所

(8) 한국
韓国

(9) 대학생
大学生

(10) 인터넷
インターネット

9課 パッチム②　57

練習 5 次の単語を韓国語に訳し，丁寧に書いてみましょう。

(1) 薬 _____ _____ _____
(2) 花 _____ _____ _____
(3) ごはん _____ _____ _____
(4) 韓国 _____ _____ _____
(5) 大学生 _____ _____ _____

 練習 6 次の単語を読んで，発音から意味を推測してみましょう。

(1) 약속　(2) 가족
(3) 독서　(4) 택시
(5) 케이팝　(6) 삼겹살
(7) 비빔밥　(8) 고속도로
(9) 삿포로　(10) 홋카이도

 練習 7 次の中にあるパッチムㄱ, ㄷ, ㅂ, ㅅ, ㅌ, ㄲを探してみましょう。

チンチャ やさしい 韓国語

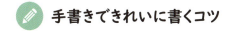

ハングル美文字への道

✏️ 手書きできれいに書くコツ

パッチムㄱは最後の画をまっすぐに

각　　　　　갓

パッチムは上の字母の幅を超えないように

악 단 밥　　　악 단 밥

二重パッチム字母が横に広がり過ぎないように

닭 앉　　　닭 앉

✏️ いろいろな書体

국	국	국	국	국	국	국	국	국
옷	옷	옷	옷	옷	옷	옷	옷	옷
꽃	꽃	꽃	꽃	꽃	꽃	꽃	꽃	꽃
옆	옆	옆	옆	옆	옆	옆	옆	옆
밖	밖	밖	밖	밖	밖	밖	밖	밖

10 ハングルを楽しもう

✏️ ハングル字母の名称

字母	ㄱ	ㄴ	ㄷ	ㄹ	ㅁ	ㅂ	ㅅ
名称	기역	니은	디귿	리을	미음	비읍	시옷

字母	ㅇ	ㅈ	ㅊ	ㅋ	ㅌ	ㅍ	ㅎ
名称	이응	지읒	치읓	키읔	티읕	피읖	히읗

字母	ㄲ	ㄸ	ㅃ	ㅆ	ㅉ
名称	쌍기역	쌍디귿	쌍비읍	쌍시옷	쌍지읒

① 子音字に ｜ をつけて，その後，으 の下にその子音字を書く。

例) ㄴ → 니은

※ ㄱ，ㄷ，ㅅ は 2 文字目が例外なので，注意。

② 濃音の字母は，平音の字母の名称の前に 쌍（対，ペアの意味）をつける。

例) ㄲ → 쌍기역 (「기역が2つ」の意味)

仮名のハングル表記ルール

① 撥音「ン」→ ㄴ　例）銀座→긴자
② 促音「ッ」→ ㅅ　例）札幌→삿포로
③ 長母音は表記しない。　　例）東京→도쿄
④ 赤字は例外　　　例）鈴木美優 →스즈키 미유，新宿→신주쿠
⑤ 名字と名前の間は１文字空けて書く。　例）鈴木美優→스즈키 미유

仮名のハングル表記

かな					ハングル									
					語頭					語中・語末				
ア	イ	ウ	エ	オ	아	이	우	에	오					
カ	キ	ク	ケ	コ	가	기	구	게	고	카	키	쿠	케	코
サ	シ	ス	セ	ソ	사	시	스	세	소					
タ	チ	ツ	テ	ト	다	지	쓰	데	도	타	치	쓰	테	토
ナ	ニ	ヌ	ネ	ノ	나	니	누	네	노					
ハ	ヒ	フ	ヘ	ホ	하	히	후	헤	호					
マ	ミ	ム	メ	モ	마	미	무	메	모					
ヤ		ユ		ヨ	야		유		요					
ラ	リ	ル	レ	ロ	라	리	루	레	로					
ワ				ヲ	와				오					
		ン					ㄴ							
ガ	ギ	グ	ゲ	ゴ	가	기	구	게	고					
ザ	ジ	ズ	ゼ	ゾ	자	지	즈	제	조					
ダ	ヂ	ヅ	デ	ド	다	지	즈	데	도					
バ	ビ	ブ	ベ	ボ	바	비	부	베	보					
パ	ピ	プ	ペ	ポ	파	피	푸	페	포	파	피	푸	페	포
キャ	キュ	キョ			갸	규	교			캬	큐	쿄		
ギャ	ギュ	ギョ			갸	규	교							
シャ	シュ	ショ			샤	슈	쇼							
ジャ	ジュ	ジョ			자	주	조							
チャ	チュ	チョ			자	주	조			차	추	초		
ニャ	ニュ	ニョ			냐	뉴	뇨							
ヒャ	ヒュ	ヒョ			햐	휴	효							
ビャ	ビュ	ビョ			뱌	뷰	뵤							
ピャ	ピュ	ピョ			퍄	퓨	표							
ミャ	ミュ	ミョ			먀	뮤	묘							
リャ	リュ	リョ			랴	류	료							

10課　ハングルを楽しもう

練習 仮名のハングル表記を見ながら，ハングルで書いてみましょう。

(1) 大阪　_____

(2) 京都　_____

(3) 北海道　_____

(4) 静岡　_____

(5) 群馬　_____

(6) 小林　_____

(7) 加藤　_____

(8) 山田　_____

(9) 松本　_____

(10) 自分の名前　_____

日韓の名字

일본	한국
사토（佐藤）	김（金）
스즈키（鈴木）	이（李）
다카하시（高橋）	박（朴）
다나카（田中）	최（崔）
이토（伊東）	정（鄭）
와타나베（渡辺）	강（姜）
야마모토（山本）	조（趙）
나카무라（中村）	윤（尹）

ハングルの入力方法

　PCやスマートフォンで韓国語を入力するには，まずハングルキーボードを設定しましょう。韓国語のキーボードを追加すれば，簡単にハングルを入力できます。

　ハングルの配列は以下の通りです。地球儀アイコンをタップするとキーボードが切り替わるので，子音字母と母音字母を順番に入力しましょう。マイクアイコンをタップすると，音声認識も利用できるので，発音練習にも役立ちます。スマートフォンを使って，発音練習や韓国語のメッセージ入力，韓国語での検索を試してみましょう。

スペース
キーボードを한국어（韓国語）に変換

音声変換
濃音と ㅐ，ㅔ は，矢印マークを押すと変わる

　ハングルを入力する時は，子音字→母音字→パッチムの順に入力します。

例）오늘（今日）：ㅇ＋ㅗ＋ㄴ＋ㅡ＋ㄹ
　　빨리（早く）：⇧＋ㅃ＋ㅏ＋ㄹ＋ㄹ＋ㅣ

10課　ハングルを楽しもう

✏️ いろいろな書体

ゴシック体	明朝体	手書き			
아	아	아	아	아	아
야	야	야	야	야	야
어	어	어	어	어	어
여	여	여	여	여	여
오	오	오	오	오	오
요	요	요	요	요	요
우	우	우	우	우	우
유	유	유	유	유	유
으	으	으	으	으	으
이	이	이	이	이	이

チンチャ やさしい 韓国語

いろいろな書体

ゴシック体	明朝体	手書き				
가	가	가	가	가	가
나	나	나	나	나	나
다	다	다	다	다	다
라	라	라	라	라	라
마	마	마	마	마	마
바	바	바	바	바	바
사	사	사	사	사	사
자	자	자	자	자	자
차	차	차	차	차	차
카	카	카	카	카	카
타	타	타	타	타	타
파	파	파	파	파	파
하	하	하	하	하	하
까	까	까	까	까	까
따	따	따	따	따	따
빠	빠	빠	빠	빠	빠
싸	싸	싸	싸	싸	싸
짜	짜	짜	짜	짜	짜

10課 ハングルを楽しもう

✏️ いろいろな書体

봄비
자연   마차
      타일   기차
다리   나비
       낱말   샘물
차
    라면   김치
       하늘 사랑
  파리 가방   얼음

감사합니다
사랑합니다

새해복많이받으세요
HAPPY NEW YEAR

PART 2

文法・会話編

안녕하세요?

학생이에요? 学生ですか。
네, 학생이에요. はい, 学生です。

Point 1　-예요/이에요　～です

　直前にパッチムがあるかないかによって使い分けます。疑問文の場合は，最後に「？」をつけて語尾を上げて発音します。

パッチム× -예요	パッチム○ -이에요
가: 친구예요?　友だちですか。 나: 네, 친구예요.　はい，友だちです。	가: 선생님이에요?　先生ですか。 나: 네, 선생님이에요.　はい，先生です。

※ -예요は [에요] と発音してもかまいません。

 次のように書いて読んでみましょう。

	パッチム×		パッチム○
친구 友だち	친구예요? 친구예요.	학생 学生	학생이에요? 학생이에요.
(1) 교과서 教科書		(4) 선생님 先生	
(2) 한국어 韓国語		(5) 일본 사람 日本人	
(3) 누나 （弟から見た）姉		(6) 도서관 図書館	

70　チンチャ やさしい 韓国語

저는 대학생이에요. 私は大学生です。

Point 2　-는/은　〜は

直前にパッチムがあるかないかによって使い分けます。

パッチム× -는	パッチム◯ -은
저**는** 私は 취미**는** 趣味は	제 이름**은** 私の名前は 고향**은** 故郷は

次の語に「-는/은」をつけて読んでみましょう。

	パッチム×		パッチム◯
(1)	도쿄 東京	(4)	한국 韓国
(2)	학교 学校	(5)	서울 ソウル
(3)	노트 ノート	(6)	집 家

趣味

여행 旅行	운동 運動	독서 読書	쇼핑 買い物
요리 料理	게임 ゲーム	댄스 ダンス	공부 勉強

저도 대학생이에요. 私も大学生です。

Point 3　-도　～も

直前にパッチムがあってもなくても形は同じです。

저도 私も	친구도 友だちも
한국도 韓国も	선생님도 先生も

 次の語に「-도」をつけて読んでみましょう。

(1) 공부 勉強		(4) 여동생 妹	
(2) 오빠 (妹から見た) 兄		(5) 이것 これ	
(3) 우리 私たち		(6) 게임 ゲーム	

職業

회사원 会社員	의사 医者	가수 歌手	운동선수 運動選手
주부 主婦	교사 教師	요리사 料理人	공무원 公務員

チンチャ やさしい 韓国語

練習　読む・書く

A-1 例のように正しいものに○をつけて，読んでみましょう。

例　저(는/은) 아라이 유이예요.　私は新井ユイです。

(1) 제 이름(는/은) 이수빈이에요.　私の名前はイ・スビンです。

(2) 저(는/은) 일본 사람이에요.　私は日本人です。

(3) 취미(는/은) 게임이에요.　趣味はゲームです。

(4) 고향(는/은) 어디예요?　故郷はどこですか。

(5) 여기(는/은) 도서관이에요.　ここは図書館です。

A-2 次の文を完成させて，読んでみましょう。

例　친구(는) 회사원(이에요).　友だちは会社員です。

(1) 여기(　) 학교(　　　).　ここは学校です。

(2) 남동생(　) 학생(　　　).　弟も学生です。

(3) 집(　) 서울(　　　).　家はソウルです。

(4) 도서관(　) 어디(　　　)?　図書館はどこですか。

(5) 선생님(　) 한국 사람(　　　)?　先生も韓国人ですか。

A-3 次の文を日本語に訳してみましょう。

(1) 저는 대학생이에요.

(2) 집은 나고야예요.

(3) 우리는 친구예요.

(4) 친구도 한국 사람이에요.

(5) 학교는 어디예요?

A-4 次の文を韓国語に訳してみましょう。

(1) こんにちは。

(2) 私は（自分の名前）です。

(3) 日本人です。

(4) 大学生です。

(5) 趣味は（自分の趣味）です。

あいさつ（出会い）

韓国では朝・昼・夜や時間帯の区別をせず同じあいさつ表現を使います。「안녕?」は友だちなど親しい間柄で使うくだけたあいさつで，「안녕하세요?」と「안녕하십니까?」はそれよりも丁寧なあいさつです。「안녕하세요?」はカジュアルな表現，「안녕하십니까?」はかしこまった表現です。

低	丁寧さ	高
안녕?	안녕하세요?	안녕하십니까?
おはよう。	おはようございます。	

チンチャ やさしい 韓国語

1B 안녕하세요?

> 会話

수빈
안녕하세요? 저는 이수빈이에요.

안녕하세요? 제 이름은 아라이 유이예요.
유이

수빈
유이 씨는 학생이에요?

네, 저는 대학생이에요.
유이

수빈
저도 대학생이에요. 만나서 반가워요.

네, 정말 반가워요. 잘 부탁해요.
유이

単語と表現

- □ 저　私
- □ 이름　名前
- □ 학생[학쌩]　学生
- □ 대학생[대학쌩]　大学生
- □ 정말　本当に
- □ 제　私の, 저의の縮約形
- □ 씨　さん
- □ 네　はい
- □ 만나서 반가워요.　お会いできてうれしいです。
- □ 잘 부탁해요[부타캐요].　よろしくお願いします。

第1課B 안녕하세요?　75

練習　聞く・話す

B-1 イントネーションを意識しながら会話文を聞いてみましょう。

수빈　① 안녕하세요? 저는 이수빈이에요.

유이　② 안녕하세요? 제 이름은 아라이 유이예요.

수빈　③ 유이 씨는 학생이에요?

유이　④ 네, 저는 대학생이에요.

수빈　⑤ 저도 대학생이에요. 만나서 반가워요.

유이　⑥ 네, 정말 반가워요. 잘 부탁해요.

スビン：① こんにちは。私はイ・スビンです。
ユイ　：② こんにちは。私の名前は新井ユイです。
スビン：③ ユイさんは学生ですか。
ユイ　：④ はい，私は大学生です。
スビン：⑤ 私も大学生です。お会いできて嬉しいです。
ユイ　：⑥ はい，本当にお会いできて嬉しいです。よろしくお願いします。

発音のコツ：激音化

パッチム「ㄱ, ㄷ, ㅂ」の後に「ㅎ」が来る場合やパッチム「ㅎ」の後に「ㄱ, ㄷ, ㅈ」が来る場合，初声はそれぞれ「ㅋ, ㅌ, ㅍ, ㅊ」で発音されます。

ㄱ + ㅎ = [ㅋ]	축하 [추카]	祝賀
ㅂ + ㅎ = [ㅍ]	입학 [이팍]	入学
ㅎ + ㄷ = [ㅌ]	좋다 [조타]	良い

チンチャ やさしい 韓国語

例のように会話練習をしてみましょう。

> 例　남동생(弟)　｜　○고등학생(高校生)　｜　×중학생(中学生)
>
> 가: 남동생은 고등학생이에요?　弟は高校生ですか。
>
> 나: 네, 고등학생이에요.　はい, 高校生です。
>
> 　　아뇨, 중학생이에요.　いいえ, 中学生です。

(1) 아버지 (お父さん)　｜　○회사원 (会社員)　｜　×교사 (教師)

(2) 어머니 (お母さん)　｜　○주부 (主婦)　｜　×의사 (医者)

(3) 이것 (これ)　｜　○교과서 (教科書)　｜　×노트 (ノート)

(4) 선생님 (先生)　｜　○한국 사람 (韓国人)　｜　×일본 사람 (日本人)

B-3　次の質問に答えてみましょう。

(1) 이름은 뭐예요?

(2) 취미는 뭐예요?

(3) 고향은 어디예요?

▶ 뭐　何

第1課B 안녕하세요?　77

B-4 音声をよく聞いて，名前と職業を線で結んでみましょう。

> 안녕하세요? 저는 **와다 호노카**예요. こんにちは。私は和田ホノカです。
> **대학생**이에요. 잘 부탁해요. 大学生です。よろしくお願いします。

例　와다 호노카　────────　대학생（大学生）
(1)　스즈키 겐토　・　　　　・주부（主婦）
(2)　정민석　　　・　　　　・의사（医者）
(3)　다나카 린　　・　　　　・회사원（会社員）
(4)　김지호　　　・　　　　・교사（教師）

B-5 音声を聞いて，（　）の中を埋めてみましょう。

（　　　　　）? 저는 이수빈이에요.

안녕하세요? 제 이름(　) 아라이 유이(　　　　).

유이 씨는 학생(　　　　)?

네, 저는 대학생이에요.

(　　　) 대학생이에요. 만나서 반가워요.

네, 정말 (　　　　　). 잘 부탁해요.

PLUS ONE

-라고/이라고 해요. (〜といいます，〜と申します)

日本語と同様に，韓国語でも自己紹介をする際に「はじめまして（처음 뵙겠습니다）」「〜といいます，〜と申します（-라고 / 이라고 해요 ）」という表現を使うことができます。

パッチム × -라고 해요	パッチム ○ -이라고 해요
아라이 유이**라고 해요**.	이수빈**이라고 해요**.
新井ユイといいます。	イ・スビンといいます。

次の文を韓国語で話してみましょう。

(1) はじめまして。

(2) 私は（自分の名前）と申します。

(3) 大学生です。

(4) 趣味は（自分の趣味）です。

(5) お会いできて嬉しいです。

(6) よろしくお願いします。

2A 형제가 있어요?

 형제가 있어요? 兄弟がいますか。

Point 1 -가/이 〜が

直前にパッチムがあるかないかによって使い分けます。

パッチム × -가	パッチム ○ -이
아빠**가** 父が 엄마**가** 母が	오늘**이** 今日が 선생님**이** 先生が

 次の語に「-가/이」をつけて読んでみましょう。

パッチム×		パッチム○	
(1) 우리 私たち		(4) 수업 授業	
(2) 할머니 祖母		(5) 생일 誕生日	
(3) 언제 いつ		(6) 가족 家族	

家族

할아버지 祖父　할머니 祖母　아버지 父　어머니 母

형 兄　누나 姉　오빠 兄　언니 姉　남동생 弟　여동생 妹

저 私　저 私

언니가 있어요. 姉がいます。

Point 2 있어요/없어요　います/いません

　韓国語は「います, あります」のどちらも「있어요」と言い,「いません, ありません」は「없어요」と言います。疑問文の場合は, 最後に「？」をつけて語尾を上げて発音します。

います あります	있어요	いません ありません	없어요
가: 형제가 **있어요?** 兄弟がいますか。 나: 네, **있어요.** はい, います。		가: 시간이 **없어요?** 時間がありませんか。 나: 네, **없어요.** はい, ありません。	

※ 없어요の発音は [업써요]

 次のように書いて読んでみましょう。

	화장실이 있어요? トイレがありますか。 화장실이 있어요. トイレがあります。	화장실이 없어요? トイレがありませんか。 화장실이 없어요. トイレがありません。
화장실 トイレ		
(1) 오빠 （妹から見た）兄		
(2) 고양이 猫		
(3) 우산 傘		
(4) 약속 約束		

第2課A　형제가 있어요？

부산에 있어요. 釜山にいます。

Point 3 　-에　～に

直前にパッチムがあってもなくても形は同じです。

학교**에** 学校に	토요일**에** 土曜日に
어디**에** どこに	도서관**에** 図書館に

 次の語に「-에」をつけて読んでみましょう。

(1) 가방 カバン		(4) 주말 週末	
(2) 아침 朝		(5) 집 家	
(3) 카페 カフェ		(6) 기숙사 寮	

都市

서울 ソウル	부산 釜山	도쿄 東京	오사카 大阪
로마 ローマ	파리 パリ	뉴욕 ニューヨーク	하와이 ハワイ

読む・書く

A-1 例のように正しいものに〇をつけて読んでみましょう。

例　아버지(가/이) 하와이에 있어요.　父がハワイにいます。

(1) 여동생(가/이) 서울에 있어요?　妹がソウルにいますか。

(2) 언니(가/이) 도쿄에 있어요.　姉が東京にいます。

(3) 형(가/이) 뉴욕에 있어요.　兄がニューヨークにいます。

(4) 남동생(는/은) 로마에 있어요?　弟はローマにいますか。

(5) 할아버지(는/은) 부산에 있어요.　祖父は釜山にいます。

　次の文を完成させて，読んでみましょう。

例　친구(는) 여동생(이 있어요).　友だちは妹がいます。

(1) 어머니(　) 부엌(　　　　　)?　お母さんは台所にいますか。

(2) 도서관(　) 어디(　　　　　)?　図書館はどこにありますか。

(3) 오늘(　) 숙제(　　　　　).　今日は宿題がありません。

(4) 교실(　) 학생(　　　　　).　教室に学生がいません。

(5) 학교(　) 한국어 선생님(　　　　　)?　学校に韓国語の先生もいますか。

第2課A　형제가 있어요?

A-3 次の文を日本語に訳してみましょう。

(1) 대학생 오빠가 있어요. _____

(2) 집에 할머니가 있어요? _____

(3) 서울에 여동생이 있어요. _____

(4) 학교에 기숙사가 없어요. _____

(5) 가족은 어디에 있어요? _____

A-4 次の文を韓国語に訳してみましょう。

(1) 私は姉がいます。 _____

(2) 私は兄がいません。 _____

(3) 弟もいません。 _____

(4) 姉は今東京にいます。 _____

(5) うちの家族は釜山にいます。 _____

あいさつ（別れ）

「さようなら」は，見送る側と去る側で言い方が違います。

低　　　　　　丁寧さ　　　　　　高

안녕.	안녕히 가세요.	안녕히 가십시오.
バイバイ。	（その場を去っていく人に対して）さようなら。	

안녕.	안녕히 계세요.	안녕히 계십시오.
バイバイ。	（その場に残る人に対して）さようなら。	

チンチャ やさしい 韓国語

2B 형제가 있어요?

会話

수빈: 유이 씨는 형제가 있어요?

유이: 네, 언니가 있어요

수빈: 언니도 대학생이에요?

유이: 아뇨, 언니는 유치원 교사예요.
수빈 씨는 누나가 있어요?

수빈: 누나는 없어요. 남동생이 있어요.
남동생은 부산에 있어요.

単語と表現

- ☐ 형제　兄弟
- ☐ 아뇨　いいえ, 아니요の縮約形
- ☐ 교사　教師
- ☐ 남동생　弟
- ☐ 언니　（妹から見た）姉
- ☐ 유치원　幼稚園
- ☐ 누나　（弟から見た）姉
- ☐ 부산　釜山

練習 　聞く・話す

 イントネーションを意識しながら会話文を聞いてみましょう。

 수빈　① 유이 씨는 형제가 있어요?

 유이　② 네, 언니가 있어요.

 수빈　③ 언니도 대학생이에요?

 유이　④ 아뇨, 언니는 유치원 교사예요.
　　　　⑤ 수빈 씨는 누나가 있어요?

 수빈　⑥ 누나는 없어요. 남동생이 있어요.
　　　　⑦ 남동생은 부산에 있어요.

スビン　：① ユイさんは兄弟がいますか。
ユイ　　：② はい, 姉がいます。
スビン　：③ お姉さんも大学生ですか。
ユイ　　：④ いいえ, 姉は幼稚園の教師です。
　　　　　⑤ スビンさんはお姉さんがいますか。
スビン　：⑥ 姉はいません。弟がいます。
　　　　　⑦ 弟は釜山にいます。

B-2　例のように会話練習をしてみましょう。　

> 例　한국（韓国）　｜　친구（友だち）
>
> 가: 한국에 친구가 있어요?　韓国に友だちがいますか。
>
> 나: 네, 친구가 있어요.　はい, 友だちがいます。
>
> 　　아뇨, 친구가 없어요.　いいえ, 友だちがいません。

(1) 다음 주（来週）　｜　한국어 시험（韓国語の試験）

(2) 오늘 저녁（今日の夕方）　｜　약속（約束）

(3) 학교（学校）　｜　편의점（コンビニ）

(4) 교실（教室）　｜　선생님（先生）

B-3　次の質問に答えてみましょう。　

(1) 형제가 있어요?

(2) 한국에 친구가 있어요?

(3) 가족은 어디에 있어요?

B-4 音声を聞いて，「있어요」または「없어요」に〇をつけてみましょう。

> 저는 대학생이에요. 저는 한국 친구가 있어요.
> 私は大学生です。私は韓国の友だちがいます。

例 한국 친구 ──────── 있어요 / 없어요

(1) 형제 ──────── 있어요 / 없어요

(2) 숙제 ──────── 있어요 / 없어요

(3) 남동생 ──────── 있어요 / 없어요

(4) 도서관 ──────── 있어요 / 없어요

B-5 音声を聞いて，(　) の中を埋めてみましょう。

 유이 씨는 형제가 (　　　)?

 네, (　　) 가 있어요.

 언니도 대학생이에요?

 (　　), 언니는 유치원 교사예요.
수빈 씨는 누나가 있어요?

 누나는 없어요. (　　)이 있어요.
남동생은 부산에 있어요.

PLUS ONE

우리 (私たち, 我々, うちの〜)

「우리」は愛着や親しみを込めた表現としても使われます。

우리 아빠 うちのパパ	우리 엄마 うちのママ
우리 가족 うちの家族	우리 학교 うちの学校

우리 선생님은 한국 사람이에요. うちの先生は韓国人です。

우리 누나는 부산에 있어요. うちの姉は釜山にいます。

次の文を韓国語で話してみましょう。

(1) 私は兄弟がいます。

(2) 姉が東京にいます。

(3) うちの姉は教師です。

(4) 兄はいません。

(5) うちの家族は名古屋にいます。

(6) 私も名古屋にいます。

第2課B 형제가 있어요?

3A 친구가 아니에요.

 친구가 아니에요. 友だちではありません。

Point 1 -가/이 아니에요　〜ではありません

　直前にパッチムがあるかないかによって使い分けます。疑問文の場合は，最後に「?」をつけて語尾を上げて発音します。

パッチム × -가 아니에요	パッチム ○ -이 아니에요
친구가 아니에요. 友だちではありません。 아파트가 아니에요? マンションではありませんか。	대학생이 아니에요. 大学生ではありません。 처음이 아니에요? 初めてではありませんか。

 次のように書いて読んでみましょう。

	パッチム ×		パッチム ○
친구 友だち	친구가 아니에요? 친구가 아니에요.	학생 学生	학생이 아니에요? 학생이 아니에요.
(1) 한국어 韓国語		(4) 회사원 会社員	
(2) 여기 ここ		(5) 화장실 トイレ	
(3) 교과서 教科書		(6) 지금 今	

저 사람은 누구예요? あの人は誰ですか。

Point 2　이, 그, 저, 어느　この, その, あの, どの

「이, 그, 저, 어느」は指示の表現で，後ろにいろいろな名詞をつけることができます。

이 この	그 その	저 あの	어느 どの
이 사람 この人	그 과일 その果物	저 학교 あの学校	어느 버스 どのバス

📝 日本語に合わせて「이, 그, 저, 어느」をつけて読んでみましょう。

(1) 친구 あの友だち	(4) 핸드폰 この携帯電話
(2) 회사 どの会社	(5) 시계 その時計
(3) 숙제 この宿題	(6) 사과 あのりんご

国・言語

한국　韓国 한국어　韓国語	일본　日本 일본어　日本語	미국　アメリカ 영어　英語	프랑스　フランス 프랑스어　フランス語
중국　中国 중국어　中国語	독일　ドイツ 독일어　ドイツ語	러시아　ロシア 러시아어　ロシア語	스페인　スペイン 스페인어　スペイン語

第3課A　친구가 아니에요.

회사에 다니고 있어요. 会社に勤めています。

Point 3 -고 있어요 ～ています

動詞の語幹（基本形から -다を取った形）に「-고 있어요」をつけます。疑問文の場合は，最後に「？」をつけて語尾を上げて発音します。

基本形	語幹	-고 있어요
공부하다 勉強する	공부하	공부하고 있어요 勉強しています
자다 寝る	자	자고 있어요 寝ています
살다 住む	살	살고 있어요 住んでいます
먹다 食べる	먹	먹고 있어요 食べています

次のように書いて読んでみましょう。

보다 見る	보고 있어요? 見ていますか。 보고 있어요. 見ています。
(1) 만나다 会う	
(2) 듣다 聞く, 聴く	
(3) 말하다 言う	
(4) 다니다 通う	

動詞

일하다 働く	뛰다 走る	배우다 学ぶ	마시다 飲む
걷다 歩く	보다 見る	읽다 読む	놀다 遊ぶ

チンチャ やさしい 韓国語

読む・書く

A-1 例のように正しいものに〇をつけて読んでみましょう。

例　오빠는 학생(가/이) 아니에요.　兄は学生ではありません。

(1) 집은 서울(가/이) 아니에요.　家はソウルではありません。

(2) 고향은 기후(가/이) 아니에요.　故郷は岐阜ではありません。

(3) 취미는 독서(가/이) 아니에요.　趣味は読書ではありません。

(4) 이것은 책(가/이) 아니에요.　これは本ではありません。

(5) 친구는 회사원(가/이) 아니에요.　友だちは会社員ではありません。

A-2 例のように「いいえ」で答えてみましょう。

> 例　가 : 이 친구도 학생이에요?　この友だちも学生ですか。
> 　　나 : 아뇨, <u>학생이 아니에요</u>.　いいえ, 学生ではありません。

(1) 가: 선생님은 일본 사람이에요?　先生は日本人ですか。
　　나: 아뇨, ＿＿＿＿＿＿＿＿＿＿＿＿＿＿＿＿＿＿＿＿＿＿＿＿＿＿＿＿.

(2) 가: 오늘은 월요일이에요?　今日は月曜日ですか。
　　나: 아뇨, ＿＿＿＿＿＿＿＿＿＿＿＿＿＿＿＿＿＿＿＿＿＿＿＿＿＿＿＿.

(3) 가: 약속이 오늘이에요?　約束が今日ですか。
　　나: 아뇨, ＿＿＿＿＿＿＿＿＿＿＿＿＿＿＿＿＿＿＿＿＿＿＿＿＿＿＿＿.

(4) 가: 저 사람도 선생님이에요?　あの人も先生ですか。
　　나: 아뇨, ＿＿＿＿＿＿＿＿＿＿＿＿＿＿＿＿＿＿＿＿＿＿＿＿＿＿＿＿.

(5) 가: 그 책이 교과서예요?　その本が教科書ですか。
　　나: 아뇨, ＿＿＿＿＿＿＿＿＿＿＿＿＿＿＿＿＿＿＿＿＿＿＿＿＿＿＿＿.

第3課A　친구가 아니에요.

A-3 次の文を日本語に訳してみましょう。

(1) 지금 공부하고 있어요. _____

(2) 서울에 살고 있어요. _____

(3) 아빠는 회사에 다니고 있어요. _____

(4) 저 사람은 우리 선생님이 아니에요. _____

(5) 한국어는 처음이 아니에요? _____

A-4 次の文を韓国語に訳してみましょう。

(1) あの人は日本人です。 _____

(2) この人はうちの祖母ではありません。 _____

(3) その人は友だちですか。 _____

(4) 兄も大学に通っています。 _____

(5) 私は韓国人ではありません。 _____

▶ 大学　대학교

あいさつ (感謝)　

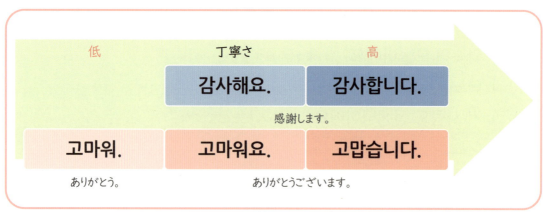

3B 친구가 아니에요.

> 会話

유이: 저 사람은 누구예요? 친구예요?

수빈: 아뇨, 친구가 아니에요. 대학교 선배예요.

유이: 선배도 대학생이에요?

수빈: 아뇨, 선배는 대학생이 아니에요. 회사원이에요.

유이: 어느 회사에 다니고 있어요?

수빈: 중경 회사에 다니고 있어요.

単語と表現

- ☐ 저 사람　あの人
- ☐ 친구　友だち
- ☐ 선배　先輩
- ☐ 어느 회사　どの会社
- ☐ 회사에 다니다　会社に勤める
- ☐ 누구　誰
- ☐ 대학교[대학교]　大学
- ☐ 회사원　会社員
- ☐ 다니다　通う
- ☐ 중경 회사　中京会社（架空の社名）

練習　聞く・話す

B-1　イントネーションを意識しながら会話文を聞いてみましょう。

 유이　① 저 사람은 누구예요? 친구예요?

 수빈　② 아뇨, 친구가 아니에요. 대학교 선배예요.

 유이　③ 선배도 대학생이에요?

 수빈　④ 아뇨, 선배는 대학생이 아니에요.
　　　　⑤ 회사원이에요.

 유이　⑥ 어느 회사에 다니고 있어요?

 수빈　⑦ 중경 회사에 다니고 있어요.

ユイ　：① あの人は誰ですか。友だちですか。
スビン：② いいえ, 友だちではありません。大学の先輩です。
ユイ　：③ 先輩も大学生ですか。
スビン：④ いいえ, 先輩は大学生ではありません。
　　　　⑤ 会社員です。
ユイ　：⑥ どの会社に勤めていますか。
スビン：⑦ 中京会社に勤めています。

B-2 例のように会話練習をしてみましょう。

> 例 저 사람 (あの人) | 한국 사람 (韓国人)
>
> 가: 저 사람도 한국 사람이에요?　あの人も韓国人ですか。
>
> 나: 네, 한국 사람이에요.　はい, 韓国人です。
>
> 　　아뇨, 한국 사람이 아니에요.　いいえ, 韓国人ではありません。

(1) 친구 (友だち)　　　　　　　　| 회사원 (会社員)

(2) 아버지 (お父さん)　　　　　　| 교사 (教師)

(3) 이것 (これ)　　　　　　　　　| 치마 (スカート)

(4) 한국어 수업 (韓国語の授業)　　| 저 교실 (あの教室)

 B-3 次の質問に答えてみましょう。

(1) 고등학생이에요?

(2) 한국어 선생님은 일본 사람이에요?

(3) 어느 학교에 다니고 있어요?

▶ 고등학생　高校生

B-4　音声を聞いて，該当する語彙を次から選んで，（　）の中に入れてみましょう。

자다　　공부하다　　놀다　　마시다　　보다　　먹다

(1) (　　　)고 있어요　(2) (　　　)고 있어요　(3) (　　　)고 있어요

(4) (　　　)고 있어요　(5) (　　　)고 있어요　(6) (　　　)고 있어요

B-5　音声を聞いて，（　）の中を埋めてみましょう。

(　　) 사람은 (　　　　)예요? 친구예요?

아뇨, 친구(　　　　　). 대학교 선배예요.

선배도 대학생이에요?

아뇨, 선배는 대학생(　　　　　).
회사원이에요.

(　　　) 회사에 다니고 있어요?
중경 회사에 (　　　　　　).

98　チンチャ やさしい 韓国語

PLUS ONE

指示語/代名詞

① これ，それ，あれ

これ	それ	あれ	どれ	何
이것 (이거)	그것 (그거)	저것 (저거)	어느 것 (어느 거)	무엇 (뭐)

※（　　）は縮約形で，話し言葉でよく使われます。

② これが，これは

これが	それが	あれが	どれが	何が
이것이 (이게)	그것이 (그게)	저것이 (저게)	어느 것이 (어느 게)	무엇이 (뭐가)
これは	それは	あれは		
이것은 (이건)	그것은 (그건)	저것은 (저건)		

※（　　）は縮約形で，話し言葉でよく使われます。

次の文を韓国語（縮約形）で話してみましょう。

(1) これは韓国語の本です。

(2) 何がありますか。

(3) あれがうちの学校です。

(4) コーヒーはそれです。

(5) どれが教科書ですか。

(6) これ何ですか。

▶ コーヒー 커피

第3課B 친구가 아니에요. **99**

학교 안에 카페도 있어요.

 저기가 우리 학교예요. あそこが私たちの学校です。

Point 1 　여기, 거기, 저기, 어디　ここ, そこ, あそこ, どこ

여기	거기	저기	어디
ここ	そこ	あそこ	どこ

여기가 학교예요. ここが学校です。
거기는 식당이 아니에요. そこは食堂ではありません。
저기에 은행은 없어요. あそこに銀行はありません。
화장실은 **어디**에 있어요? トイレはどこにありますか。

📝 日本語に合わせて「여기, 거기, 저기, 어디」をつけて読んでみましょう。

(1) (　　　)는 역이 아니에요. そこは駅ではありません。

(2) (　　　)는 서점이에요. ここは書店です。

(3) 거기는 (　　　)예요? そこはどこですか。

(4) (　　　)가 교실이에요. あそこが教室です。

학생 식당 옆에 있어요. 学生食堂の横にあります。

Point 2　助詞「の (의)」の省略

「○の○」を表すときに韓国語では「の」が省略されます。

화장실 옆　トイレの隣	책상 위　机の上
한국어 책　韓国語の本	친구 가방　友だちのカバン

次の韓国語を日本語に，日本語を韓国語に訳しましょう。

(1) 집 밖		(4) 学校の前	
(2) 책상 아래		(5) カバンの中	
(3) 한국어 선생님		(6) 大学の友だち	

位置

앞 前	위 上	안 中
뒤 後ろ	아래/밑 下	밖 外
	옆 横, 隣	오른쪽 右
	사이 間	왼쪽 左

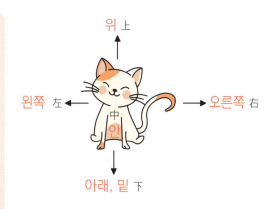

第4課A　학교 안에 카페도 있어요.

아주 예쁘네요. とてもきれいですね。

> **Point 3** -네요 ～ですね，～ますね

用言（動詞，形容詞）の語幹につけて，感嘆や驚きを丁寧に表します。

基本形	-네요
예쁘다 きれいだ, かわいい	예쁘네요 きれいですね
짜다 塩辛い	짜네요 塩辛いですね
오다 来る	오네요 来ますね
마시다 飲む	마시네요 飲みますね

次の文に「-네요」をつけて読んでみましょう。

(1) 오빠 키가 크다 　　お兄さんの背が高い	
(2) 여동생이 예쁘다 　　妹がかわいい	
(3) 비가 오다 　　雨が来る（＝降る）	
(4) 많이 마시다 　　たくさん飲む	

場所

식당 食堂	교실 教室	화장실 トイレ	도서관 図書館
서점 書店	편의점 コンビニ	은행 銀行	우체국 郵便局

練習 読む・書く

  例のように書いて読んでみましょう。

> 例 역（駅）　｜　밖（外）　｜　○화장실（トイレ）
> → 역 밖에 화장실이 있어요.　駅の外にトイレがあります。
> 例 역（駅）　｜　안（中）　｜　×화장실（トイレ）
> → 역 안에 화장실이 없어요.　駅の中にトイレがありません。

(1) 우체국（郵便局）　｜　옆（隣）　｜　×식당（食堂）
→

(2) 의자（椅子）　｜　아래（下）　｜　○가방（カバン）
→

(3) 책상（机）　｜　위（上）　｜　×신문（新聞）
→

(4) 문（ドア）　｜　앞（前）　｜　○강아지（子犬）
→

  例のように書いて読んでみましょう。

> 例 밖에 비가 오고 있다.　外に雨が降っている。
> → 밖에 비가 오고 있네요.　外に雨が降っていますね。

(1) 고양이가 의자 아래에 있다.　猫が椅子の下にいる。
→

(2) 화장실이 저기에 있다.　トイレがあそこにある。
→

(3) 이거 정말 예쁘다.　これ本当にかわいい。
→

(4) 여기는 음식이 짜다.　ここは料理が塩辛い。
→

第4課A　학교 안에 카페도 있어요.　103

A-3 次の文を日本語に訳してみましょう。

(1) 카페는 어디에 있어요?

(2) 저기에 언니는 없어요.

(3) 이 가방도 정말 예쁘네요.

(4) 여기는 학교가 아니에요.

(5) 책상 아래에 뭐가 있어요?

A-4 次の文を韓国語に訳してみましょう。

(1) 図書館はどこですか。

(2) カフェが本当にきれいですね。

(3) トイレはどこにありますか。

(4) ここはコンビニではありません。

(5) カバンの中にありません。

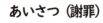
あいさつ (謝罪)

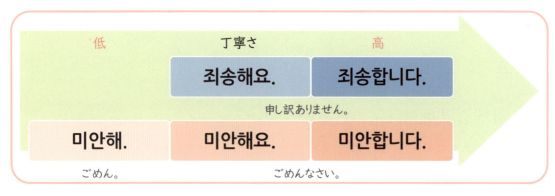

학교 안에 카페도 있어요.

> **会話**

유이: 우리 학교는 어디예요?

수빈: 저기가 우리 학교예요.

유이: 와! 건물이 아주 예쁘네요.

수빈: 학교 안에 카페도 있어요.

유이: 진짜예요? 카페는 어디에 있어요?

수빈: 학생 식당 옆에 있어요.

単語と表現

- 우리　私たち
- 와!　うわぁ!
- 아주　とても
- 안　中
- 진짜　本当
- 옆　横, 隣
- 학교[학꾜]　学校
- 건물　建物
- 예쁘네요　きれいですね
- 카페　カフェ
- 학생 식당[학쌩식땅]　学生食堂

練習　聞く・話す

 イントネーションを意識しながら会話文を聞いてみましょう。　

 유이　① 우리 학교는 어디예요?

 수빈　② 저기가 우리 학교예요.

 유이　③ 와! 건물이 아주 예쁘네요.

 수빈　④ 학교 안에 카페도 있어요.

 유이　⑤ 진짜예요? 카페는 어디에 있어요?

 수빈　⑥ 학생 식당 옆에 있어요.

ユイ　：① 私たちの学校はどこですか。
スビン：② あそこがうちの学校です。
ユイ　：③ うわぁ! 建物がとてもきれいですね。
スビン：④ 学校の中にカフェもあります。
ユイ　：⑤ 本当ですか。カフェはどこにありますか。
スビン：⑥ 学生食堂の横にあります。

B-2 例のように会話練習をしてみましょう。

> 例 **식당** (食堂)
>
> 가: **식당**은 어디에 있어요?　食堂はどこにありますか。
>
> 나: **카페 옆**에 있어요.　カフェの隣にあります。

(1) 도서관 (図書館)

(2) 편의점 (コンビニ)

(3) 호텔 (ホテル)

(4) 카페 (カフェ)

(5) 우체국 (郵便局)

 B-3 次の質問に答えてみましょう。

(1) 책상 위에 뭐가 있어요?

(2) 가방 안에 뭐가 있어요?

(3) 선생님은 어디에 있어요?

第4課B　학교 안에 카페도 있어요.　107

B-4 音声を聞いて，①〜⑤が部屋のどこにあるか，その番号を絵の中に書き入れてみましょう。

① 노트북	② 핸드폰	③ 의자	④ 고양이	⑤ 텔레비전

▶ 침대　ベッド

B-5 音声を聞いて，（　）の中を埋めてみましょう。

우리 학교는 (　　　)예요?

(　　　)가 우리 학교예요.

와! 건물이 아주 예쁘(　　　).

학교 (　　　)에 카페도 있어요.

진짜예요? 카페는 (　　　)에 있어요?

학생 식당 (　　　)에 있어요.

PLUS ONE

複合助詞

韓国語の助詞は日本語と同様に，２つの助詞を続けて使うことがあります。

교실**에는** 뭐가 있어요?

教室には何がありますか。

역 안**에는** 화장실이 없어요.

駅の中にはトイレがありません。

이건 일본**에도** 한국**에도** 있어요.

これは日本にも韓国にもあります。

次の文を韓国語で話してみましょう。

(1) 食堂はどこにもありません。

(2) 外には雨が降っていますね。

(3) 花が本当にきれいですね。

(4) うちの学校にはカフェがあります。

(5) 携帯電話はどこにありますか。

(6) カバンの中にも机の上にもありません。

▶ 花 꽃

第4課B 학교 안에 카페도 있어요.　　109

몇 교시예요?

 ^이2호관 ^오5층이에요　2号館5階です。

Point 1　漢数詞

　数詞には日本語と同様に，漢数詞と固有数詞があります。漢数詞は，主に年月日や順番，値段，電話番号などを表すときに使います。

0	1	2	3	4	5	6	7	8	9	10
영/공	일	이	삼	사	오	육	칠	팔	구	십

※電話番号を言うとき「0」は「공」となります。
※16［심뉵］，26［이심뉵］…などは発音に注意しましょう。

百	千	万	十万	百万	千万	億
백	천	만	십만 [심만]	백만 [뱅만]	천만	억

※「1万（만），1千万（천만）」は，「일」をつけずに言います。

📝 次の数字を韓国語で書き，読んでみましょう。

0	1	2	3	4	5	6	7	8	9	10

11	12	13	14	15	16	17	18	19	20
십일									

30	40	50	60	70	80	90	百	千	万
삼십							백		

110　チンチャ やさしい 韓国語

몇 교시예요? 何時限ですか。

Point 2 　疑問詞「몇」① 何〜

「몇」は次のように数を尋ねるときに使います。

何年	何月	何年生	何時限
몇 년	**몇** 월	**몇** 학년	**몇** 교시
[면년]	[며둴]	[며탕년]	[멷꾜시]
何番	何階	何人前	何日
몇 번	**몇** 층	**몇** 인분	**며칠**
[멷뻔]	[멷층]	[며딘분]	

※発音の変化については付録参照
※何日は例外的に「며칠」といいます。

次の語句を韓国語で言ってみましょう。

(1) 3 限		(4) 4 階	
(2) 2 年生		(5) 10 番	
(3) 5 人前		(6) 20 年	

1月〜12月

일월	이월	삼월	사월	오월	유월
1月	2月	3月	4月	5月	6月
칠월	팔월	구월	시월	십일월	십이월
7月	8月	9月	10月	11月	12月

※ 6月は「유월」, 10月は「시월」となるので注意しましょう。

3교시^삼하고 4교시^사예요. 3限と4限です。

Point 3 -하고, -와/과 ～と

「-하고」は直前にパッチムがあってもなくても形は同じです。会話では「하고」を用いることが多いです。

| 바지하고 치마 ズボンとスカート | 화장품하고 지갑 化粧品と財布 |

「-와/과」は直前にパッチムがあるかないかによって使い分けます。

パッチム× -와	パッチム○ -과
바지와 치마 ズボンとスカート	화장품과 지갑 化粧品と財布

 次のように書いて読んでみましょう。

	-하고	-와/과
오전 午前 오후 午後	오전하고 오후 午前と午後	오전과 오후 午前と午後
(1) 일본어 日本語 　한국어 韓国語		
(2) 안경 眼鏡 　돈　お金		
(3) 오늘 今日 　내일 明日		

身のまわりのもの

지갑 財布	안경 眼鏡	손수건 ハンカチ	도시락 お弁当
핸드폰 携帯電話	필통 筆箱	돈 お金	교과서 教科書

112　チンチャ やさしい 韓国語

読む・書く

A-1 次の韓国語を数字に，数字を韓国語に変えてみましょう。

> 例 일 → 1　　　　例 25 → 이십오

(1) 십이

(2) 삼백

(3) 구백사십사

(4) 천칠백

(5) 삼만오천백

(6) 30

(7) 120

(8) 860

(9) 11,000

(10) 101,800

A-2 次の文を完成させて，読んでみましょう。

例 교실은 (몇 층이에요)？ 教室は何階ですか。

(1) 이건 (　　　　　)？ これは2人前ですか。

(2) 저는 대학교 (　　　　　　)． 私は大学1年生です。

(3) 도서관은 (　　　　　) 있어요． 図書館は7階にあります。

(4) 전화 번호는 (　　　　　)？ 電話番号は何番ですか。

(5) (　　　　　　) 한국어 수업이 있어요． 2限に韓国語の授業があります。

第5課A　몇 교시예요？　113

A-3 次の文を日本語に訳してみましょう。

(1) 대학교 3학년이에요.

(2) 교실은 몇 층이에요?

(3) 저하고 오빠는 대학생이에요.

(4) 한국어 수업은 4교시에 있어요.

(5) 지금 몇 학년이에요?

A-4 次の文を韓国語に訳してみましょう。

(1) 私は妹と弟がいます。

(2) 何月何日ですか。

(3) カバンの中に財布と眼鏡があります。

(4) 授業は１限と３限にあります。

(5) トイレは何階ですか。

あいさつ（お願い）

低	丁寧さ	高
잘 부탁해.	잘 부탁해요.	잘 부탁합니다.
よろしくね。		よろしくお願いします。

몇 교시예요?

会話

수빈: 오늘 수업 있어요?

유이: 네, 오후에 한국어 수업이 있어요.

수빈: 몇 교시예요?

유이: 삼3교시하고 사4교시예요. 수빈 씨는 수업 없어요?

수빈: 저도 삼3교시에 일본어 수업이 있어요.

유이: 교실은 어디예요?

수빈: 이2호관 오5층이에요.

単語と表現

- ☐ 오늘　今日
- ☐ 오후　午後
- ☐ 몇 교시 [멷꼬시]　何時限
- ☐ 교실　教室
- ☐ 층　〜階
- ☐ 수업　授業
- ☐ 한국어 수업　韓国語の授業
- ☐ 일본어 수업　日本語の授業
- ☐ 호관　〜号館

第5課B 몇 교시예요?　115

練習　聞く・話す

B-1　イントネーションを意識しながら会話文を聞いてみましょう。

 5B-1

 수빈　① 오늘 수업 있어요?

 유이　② 네, 오후에 한국어 수업이 있어요.

 수빈　③ 몇 교시예요?

 유이　④ 3교시하고 4교시예요.
　　　　⑤ 수빈 씨는 수업 없어요?

 수빈　⑥ 저도 3교시에 일본어 수업이 있어요.

 유이　⑦ 교실은 어디예요?

 수빈　⑧ 2호관 5층이에요.

スビン：① 今日，授業ありますか。
ユイ　：② はい，午後，韓国語の授業があります。
スビン：③ 何時限ですか。
ユイ　：④ 3限と4限です。
　　　　⑤ スビンさんは授業ありませんか。
スビン：⑥ 私も3限に日本語の授業があります。
ユイ　：⑦ 教室はどこですか。
スビン：⑧ 2号館の5階です。

B-2 例 のように会話練習をしてみましょう。

> 例　오늘 (今日) ｜ 몇 월 며칠 (何月何日) ｜ 7월 25일 (7月25日)
>
> 가: 오늘은 몇 월 며칠이에요? 今日は何月何日ですか。
>
> 나: 칠월 이십오일이에요. 7月25日です。

(1) 전화번호 (電話番号)　｜ 몇 번 (何番)　｜ 090-1234-5978

(2) 지금 (今)　｜ 몇 학년 (何年生)　｜ 1학년 (1年生)

(3) 교실 (教室)　｜ 몇 층 (何階)　｜ 3층 (3階)

(4) 한국어 수업 (韓国語の授業)　｜ 몇 교시 (何時限)　｜ 4교시 (4限)

B-3 次の質問に答えてみましょう。

(1) 생일은 몇 월 며칠이에요?

(2) 대학교 몇 학년이에요?

(3) 한국어 수업은 몇 교시에 있어요?

B-4 音声を聞いて，内容と合うものを線で結んでみましょう。

> 저는 대학교 1학년이에요. 私は大学1年生です。

例 학년 ――――――― 1학년

(1) 생일 ・　　　　・2호관 6층

(2) 한국어 수업 ・　　　　・4교시

(3) 교실 ・　　　　・5월 5일

(4) 일본어 수업 ・　　　　・3교시

 B-5 音声を聞いて，（　）の中を埋めてみましょう。

오늘 수업 있어요?

네, (　　　　) 한국어 수업이 있어요.

(　　) 교시예요?

3교시하고 (　　)교시예요.
수빈 씨는 수업 없어요?

저도 (　　　　)에 일본어 수업이 있어요.

교실은 어디예요?

(　　)호관 (　　)층이에요.

PLUS ONE

-입니다/입니까? （〜です/ですか）

「-예요 / 이에요」（〜です）は日常でよく使われる打ち解けた表現で，「-입니다 / 입니까？」はかしこまった場面で使う表現です。直前にパッチムがあってもなくても形は同じです。

-입니다. 〜です。	-입니까? 〜ですか。
친구**입니다.** 友だちです。 일본 사람**입니다.** 日本人です。	친구**입니까?** 友だちですか。 일본 사람**입니까?** 日本人ですか。

次の文を「-입니다 / 입니까?」に変えて，話してみましょう。

⑴ 저는 대학생이에요.

⑵ 우리는 친구예요.

⑶ 선생님은 한국 사람이에요?

⑷ 학교는 어디예요?

発音のコツ：鼻音化

パッチム「ㄱ，ㄷ，ㅂ」の後に鼻音「ㄴ，ㅁ」が来ると，「ㄱ，ㄷ，ㅂ」はそれぞれ「ㅇ，ㄴ，ㅁ」で発音されます。

ㄱ + ㅁ = [ㅇ + ㅁ]	한국말[한궁말] 韓国語
ㄷ + ㅁ = [ㄴ + ㅁ]	거짓말[거진말] うそ
ㅂ + ㄴ = [ㅁ + ㄴ]	입니다[임니다] 〜です

第5課B 몇 교시예요?　119

6A 동생은 몇 살이에요?

 언니는 **스무** 살이에요. 姉は20歳です。

Point 1　固有数詞

固有数詞は，主に物の数・年齢・時刻の「時」などを数えるときに使います。

1	2	3	4	5	6
하나 (한)	둘 (두)	셋 (세)	넷 (네)	다섯	여섯
7	8	9	10	20	21
일곱	여덟	아홉	열	스물 (스무)	스물하나 (스물한)

30	40	50	60	70	80	90	100
서른	마흔	쉰	예순	일흔	여든	아흔	백

※여덟の発音は [여덜]

※固有数詞の直後に単位を表す言葉が来ると，「하나，둘，셋，넷，스물」はそれぞれ「**한, 두, 세, 네, 스무**」を使います。(1歳 → 한 살)

次の数字を韓国語で書いて読んでみましょう。

1	2	3	4	5	6	7	8	9	10
하나				다섯					
11	12	13	14	15	16	17	18	19	20
	열둘								스물

몇 살이에요? 何歳ですか。

Point 2　疑問詞「몇」② 何～

「몇」は次のように，数を尋ねるときに使います。

何歳	何個	何回	何時	何名
몇 살 [멷쌀]	**몇** 개 [멷깨]	**몇** 번 [멷뻔]	**몇** 시 [멷씨]	**몇** 명 [면명]
何枚	何杯	何匹	何冊	何本 (瓶)
몇 장 [멷짱]	**몇** 잔 [멷짠]	**몇** 마리 [면마리]	**몇** 권 [멷꿘]	**몇** 병 [멷뼝]

※発音の変化については付録参照

 次の語句を韓国語で言ってみましょう。

(1) 18歳		(5) 3枚	
(2) 11個		(6) 2杯	
(3) 5回		(7) 4匹	
(4) 6名		(8) 7冊	

デザート

초콜릿 チョコレート	케이크 ケーキ	아이스크림 アイスクリーム	사탕 飴
빙수 かき氷	파르페 パフェ	과일 果物	과자 お菓子

第6課A　동생은 몇 살이에요?

저보다 두 살 위예요. 私より2歳上です。

Point 3　-보다　～より

直前にパッチムがあってもなくても形は同じです。

저**보다** 私より	드라마**보다** ドラマより
돈**보다** お金より	겨울**보다** 冬より

 次のように書いて読んでみましょう。

			오전보다 오후가 좋아요. 午前より午後がいいです。
	오전 午前	오후 午後	
(1)	여름 夏	겨울 冬	(　　　　　) 겨울이 좋아요.
(2)	라면 ラーメン	우동 うどん	(　　　　　) 우동이 좋아요.
(3)	영화 映画	드라마 ドラマ	(　　　　　) 드라마가 좋아요.
(4)	야채 野菜	고기 肉	(　　　　　) 고기가 좋아요.

いろいろな疑問詞

언제 いつ	어디 どこ	누구 誰	무엇/뭐 何	얼마 いくら
누가 誰が	왜 なぜ	무슨 何の	어떤 どんな	몇 何～

※「誰が」の場合は「누가」になるので注意しましょう。

練習　**読む・書く**

A-1　次の韓国語を数字に，数字を韓国語に変えてみましょう。

> 例　스물다섯 → 25　　　例　11 → 열하나

(1) 열둘

(2) 스물하나

(3) 아홉

(4) 서른다섯

(5) 스물여덟

(6) 10

(7) 20

(8) 30

(9) 14

(10) 26

 A-2　次の文を完成させて，読んでみましょう。

例　올해 (**몇 살**)이에요? 今年,何歳ですか。

(1) 남동생은 (　　　　)이에요. 弟は16歳です。

(2) 제 친구는 (　　　　)이에요. 私の友だちは21歳です。

(3) 사과가 (　　　) 있어요. リンゴが10個あります。

(4) 한국 사람은 (　　　) 있어요? 韓国人は何名いますか。

(5) 집에 개가 (　　　) 있어요. 家に犬が3匹います。

第6課A　동생은 몇 살이에요?　123

次の文を日本語に訳してみましょう。

(1) 동생은 저보다 네 살 아래예요. _____

(2) 한국어 수업은 일주일에 두 번 있어요. _____

(3) 저는 열여덟 살이에요. _____

(4) 우동보다 라면이 좋아요. _____

(5) 커피 한 잔 마시고 있어요. _____

▶ 일주일　１週間

A-4　次の文を韓国語に訳してみましょう。

(1) 授業は１時にあります。 _____

(2) そこにリンゴが３個あります。 _____

(3) カバンの中に本が２冊あります。 _____

(4) 姉は私より４歳上です。 _____

(5) 午前より午後に時間があります。 _____

▶ 時間　시간

| あいさつ（お祝い） | | |

低	丁寧さ	高
축하해.	축하해요.	축하합니다.
おめでとう。		おめでとうございます。

6B 동생은 몇 살이에요?

会話

수빈: 유이 씨 이게 뭐예요?

유이: 우리 가족사진이에요.

수빈: 이 사람이 유이 씨 언니예요? 몇 살이에요?

유이: 언니는 스무 살이에요. 저보다 두 살 위예요.

수빈: 저하고 같네요. 저도 스무 살이에요.

유이: 그럼 남동생은 몇 살이에요?

수빈: 열다섯 살이에요.

単語と表現

- 이게　これが
- 가족사진[가족싸진]　家族写真
- 스무 살　20歳
- 두 살　2歳
- 같네요[간네요]　同じですね
- 남동생　弟
- 뭐예요?　何ですか
- 몇 살[먿쌀]　何歳
- 저보다　私より
- 위　上
- 그럼　それでは, じゃあ
- 열다섯 살[열따섣쌀]　15歳

練習 聞く・話す

B-1 イントネーションを意識しながら会話文を聞いてみましょう。

 ① 유이 씨 이게 뭐예요?

 ② 우리 가족사진이에요.

 ③ 이 사람이 유이 씨 언니예요? 몇 살이에요?

 ④ 언니는 스무 살이에요. 저보다 두 살 위예요.

 ⑤ 저하고 같네요. 저도 스무 살이에요.

 ⑥ 그럼 남동생은 몇 살이에요?

 ⑦ 열다섯 살이에요.

スビン：① ユイさん，これは何ですか。
ユイ　：② 私の家族写真です。
スビン：③ この人がユイさんのお姉さんですか。何歳ですか。
ユイ　：④ 姉は 20 歳です。私より 2 歳上です。
スビン：⑤ 私と同じですね。私も 20 歳です。
ユイ　：⑥ では，弟は何歳ですか。
スビン：⑦ 15 歳です。

例のように会話練習をしてみましょう。

> 例 학생（学生） | 몇 명（何名） | 3명（3名）
>
> 가: 학생은 몇 명 있어요? 学生は何名いますか。
>
> 나: 세 명 있어요. 3名います。

(1) 빵（パン） | 몇 개（何個, いくつ） | 5개（5個）

(2) 책（本） | 몇 권（何冊） | 7권（7冊）

(3) 와인（ワイン） | 몇 병（何本） | 3병（3本）

(4) 주스（ジュース） | 몇 잔（何杯） | 4잔（4杯）

(5) 강아지（子犬） | 몇 마리（何匹） | 2마리（2匹）

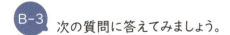 次の質問に答えてみましょう。

(1) 몇 살이에요?

(2) 교실에 학생은 몇 명 있어요?

(3) 가족이 몇 명이에요?

第6課B 동생은 몇 살이에요?　127

B-4 音声を聞いて、(　)の中に数字を書いてみましょう。

例　오빠는 (　25　)살이에요. 兄は25歳です。

(1) 저는 (　　)살이에요.

(2) 화장품이 (　　)개 있어요.

(3) 친구보다 (　　)살 위예요.

(4) 집에 고양이가 (　　)마리 있어요.

(5) 우리 가족은 (　　)명이에요.

B-5 音声を聞いて、(　)の中を埋めてみましょう。

 유이 씨 이게 뭐예요?

 우리 (　　　　)이에요.

 이 사람이 유이 씨 언니예요? (　　　)이에요?

 언니는 (　　　)이에요. 저보다 (　　　) 위예요.

 저하고 같네요. 저도 (　　　)이에요.

 그럼 남동생은 (　　　)이에요?

 (　　　　)이에요.

PLUS ONE

助詞に注意① 취미**가** 뭐예요?

　日本語の「～は何ですか」「～はいつですか」「～はどこですか」などを韓国語で言うときは，助詞「-는 / 은」でなく「-이 / 가」をよく使います。

　ただし，答えるときは「- 는 / 은」が使われます。

---

① 가: 생일**이** 언제예요? 誕生日はいつですか。

　 나: 제 생일**은** 6월 15일이에요. 私の誕生日は6月15日です。

② 가: 학교**가** 어디예요?　学校はどこですか。

　 나: 학교**는** 저기예요. 学校はあそこです。

③ 가: 취미**가** 뭐예요? 趣味は何ですか。

　 나: 제 취미**는** 테니스예요. 私の趣味はテニスです。

次の文を韓国語で話してみましょう。

(1) 家はどこですか。

(2) 専攻は何ですか。

(3) 韓国語の先生は誰ですか。

(4) 学校はどこにありますか。

(5) 韓国語の教科書はいくらですか。

(6) 家族は何名ですか。

▶ 専攻 전공　|　いくら 얼마

第6課B 동생은 몇 살이에요?

# 카페에서 공부해요.

 친구하고 공부해요. 友だちと勉強します。

Point 1　-해요　～です，～ます

「하다」で終わる動詞や形容詞を「하다用言」といいます。「-해요」は日本語の「～です，～ます」に当たる丁寧でやわらかな表現です。疑問文の場合は，最後に「？」をつけて語尾を上げて発音します。

基本形	-해요
공부하다　勉強する	공부해요　勉強します
운동하다　運動する	운동해요　運動します
좋아하다　好きだ，好む	좋아해요　好きです
친절하다　親切だ	친절해요　親切です

※「하다 (する)」は単独でも使います。(뭐 해요? 何をしますか。)

 次のように書いて読んでみましょう。

사랑하다 愛する	사랑해요? 사랑해요.	잘하다 上手だ，得意だ	잘해요? 잘해요.
(1) 식사하다 食事する		(4) 못하다 下手だ，苦手だ	
(2) 일하다 仕事をする，働く		(5) 싫어하다 嫌いだ	
(3) 말하다 言う		(6) 유명하다 有名だ	

편의점에서 알바해요. コンビニでアルバイトします。

Point 2　–에서　～で（場所）

直前にパッチムがあってもなくても形は同じです。

도서관**에서**　図書館で	학교**에서**　学校で
공항**에서**　空港で	편의점**에서**　コンビニで

 次の語に「-에서」をつけて読んでみましょう。

(1) 집 家		(4) 여기 ここ	
(2) 방 部屋		(5) 한국 韓国	
(3) 카페 カフェ		(6) 교실 教室	

果物

사과 リンゴ	귤 ミカン	딸기 イチゴ	배 梨
오렌지 オレンジ	수박 スイカ	복숭아 桃	포도 ぶどう

第7課A　카페에서 공부해요.

알바를 해요. アルバイトをします。 7A-3

Point 3 -를/을 ～を

直前にパッチムがあるかないかによって使い分けます。

パッチム✕ -를	パッチム〇 -을
한국어를 韓国語を 알바를 アルバイトを	지하철을 地下鉄を 책을 本を

 次の語に「-를/을」をつけて読んでみましょう。

	パッチム✕		パッチム〇
(1) 공부 勉強		(4) 약속 約束	
(2) 숙제 宿題		(5) 물 水	
(3) 식사 食事		(6) 음식 食べ物	

曜日

	월요일 月曜日	화요일 火曜日
일요일 日曜日	수요일 水曜日	목요일 木曜日
	금요일 金曜日	토요일 土曜日

読む・書く

A-1 例のように書いて読んでみましょう。

> 例 부엌 (台所) | 음식 (食べ物) | 준비하다 (準備する)
> → 부엌에서 음식을 준비해요.　台所で食べ物を準備します。

(1) 백화점 (デパート) | 옷 (服) | 세일하다 (セール中だ)
→

(2) 대학교 (大学) | 한국어 (韓国語) | 공부하다 (勉強する)
→

(3) 동아리 방 (部室) | 비밀 (秘密) | 이야기하다 (話す)
→

(4) 노래방 (カラオケ) | 케이팝 (K-POP) | 노래하다 (歌う)
→

(5) 카페 (カフェ) | 커피 (コーヒー) | 주문하다 (注文する)
→

A-2 次の疑問詞の後に「해요?」をつけて読んでみましょう。

(1) 誰が (누가)

(2) いつ (언제)

(3) どこで (어디에서)

(4) どのように (어떻게)

(5) なに (뭐)

第7課A 카페에서 공부해요.　133

A-3 次の文を日本語に訳してみましょう。

(1) 한국어 공부는 어떻게 해요?

(2) 어디에서 주문해요?

(3) 내일 뭐 해요?

(4) 도서관에서 공부해요.

(5) 친구하고 약속을 해요.

A-4 次の文を韓国語に訳してみましょう。

(1) 家で食事します。

(2) 教室で宿題をします。

(3) 私は家族を愛しています。

(4) どこで勉強をしますか。

(5) いつアルバイトをしますか。

あいさつ（気遣い）

「大丈夫」「大丈夫です」のほか，「結構です」「構いません」などさまざまなシーンで使える表現です。

低	丁寧さ	高
괜찮아.	괜찮아요.	괜찮습니다.
大丈夫。	大丈夫です / 結構です。	

7B 카페에서 공부해요.

会話

유이: 어디에서 알바를 해요?

수빈: 편의점에서 알바해요. 오늘은 알바가 없어요.
유이 씨는 오늘 뭐 해요?

유이: 저는 카페에서 공부해요.
내일 한국어 시험이 있어요.

수빈: 공부는 보통 카페에서 해요?

유이: 아뇨, 보통은 도서관에서 해요.
오늘은 친구하고 같이 카페에서 공부해요.

単語と表現

- 어디에서　どこで
- 해요?　しますか。
- 알바해요　アルバイトします
- 카페　カフェ
- 내일　明日
- 공부　勉強
- 도서관　図書館
- 알바　アルバイト、「아르바이트」の縮約形
- 편의점 [펴니점]　コンビニ
- 뭐　何
- 공부해요　勉強します
- 시험　試験
- 보통　普通, 普段
- 같이 [가치]　一緒に

練習　聞く・話す

B-1 イントネーションを意識しながら会話文を聞いてみましょう。

 유이　① 어디에서 알바를 해요?
수빈　② 편의점에서 알바해요. 오늘은 알바가 없어요.
　　　③ 유이 씨는 오늘 뭐 해요?
유이　④ 저는 카페에서 공부해요.
　　　⑤ 내일 한국어 시험이 있어요.
수빈　⑥ 공부는 보통 카페에서 해요?
유이　⑦ 아뇨, 보통은 도서관에서 해요.
　　　⑧ 오늘은 친구하고 같이 카페에서 공부해요.

ユイ　：① どこでアルバイトをしていますか。
スビン：② コンビニでアルバイトしています。今日はアルバイトがありません。
　　　　③ ユイさんは今日何をしますか。
ユイ　：④ 私はカフェで勉強します。
　　　　⑤ 明日，韓国語の試験があります。
スビン：⑥ 勉強は普段カフェでしますか。
ユイ　：⑦ いいえ，普段は図書館でします。
　　　　⑧ 今日は友だちと一緒にカフェで勉強します。

発音のコツ：ㅎ弱化

パッチム「ㅎ」の後に初声「ㅇ」が来ると，ㅎは連音化せず脱落します。また，パッチム「ㅁ, ㄴ, ㅇ, ㄹ」の後に初声「ㅎ」が来ると，ㅎは発音せず連音化します。

ㅎ + ㅇ = [ㅇ]	좋아요 [조아요]	良いです
ㄶ + ㅇ = [ㄴ]	괜찮아요 [괜차나요]	大丈夫です
ㄹ + ㅎ = [ㄹ]	잘해요 [자래요]	上手です

B-2 例のように会話練習をしてみましょう。

> 例 공부하다（勉強する） ｜ 학교（学校）
> 가: 어디에서 공부해요?　どこで勉強しますか。
> 나: 학교에서 공부해요.　学校で勉強します。

(1) 운동하다（運動する）　｜　공원（公園）

(2) 노래하다（歌う）　｜　노래방（カラオケ）

(3) 쇼핑하다（買い物する）　｜　쇼핑몰（ショッピングモール）

(4) 식사하다（食事する）　｜　식당（食堂）

(5) 이야기하다（話す）　｜　카페（カフェ）

B-3 次の質問に答えてみましょう。

(1) 어디에서 한국어 공부를 해요?

(2) 주말에 뭐 해요?

(3) 언제 방 청소를 해요?

▶ 주말 週末 ｜ 청소 掃除

第7課B 카페에서 공부해요.　137

B-4 音声を聞いて，誰が何をするか線で結んでみましょう。

가: 미나 씨 주말에 알바해요? ミナさん，週末にアルバイトしますか。
나: 아뇨. いいえ。
가: 그럼 뭐 해요? では，何をしますか。
나: 공부해요. 勉強します。

例	미나 ———— 공부하다（勉強する）
(1)	에미코 ・　　・숙제하다（宿題をする）
(2)	은영 ・　　・전화하다（電話する）
(3)	다케루 ・　　・이야기하다（話す）
(4)	지훈 ・　　・여행하다（旅行する）

B-5 音声を聞いて，（ ）の中を埋めてみましょう。

（　　　　） 알바를 해요?
편의점에서 알바해요. 오늘은 알바가 없어요.
유이 씨는 오늘 （　　　　）?
저는 카페에서 （　　　　）.
내일 한국어 시험이 있어요.
공부는 보통 （　　　　） 해요?
아뇨, 보통은 도서관에서 （　　　　）.
오늘은 친구하고 같이 카페에서 （　　　　）.

PLUS ONE

助詞に注意②　음악을 좋아해요.

　日本語の「〜が好きだ」は韓国語では「-를/을 좋아하다」,「〜が嫌いだ」は「-를/을 싫어하다」となります。助詞の使い方に注意しましょう。

---

① 가: 무슨 음악을 좋아해요?　何の音楽が好きですか。

　　나: 클래식을 좋아해요.　クラシックが好きです。

② 가: 공포 영화를 싫어해요?　ホラー映画が嫌いですか。

　　나: 네, 공포 영화를 싫어해요.　はい, ホラー映画が嫌いです。

③ 가: 운동을 좋아해요?　運動が好きですか。

　　나: 아뇨, 운동을 싫어해요.　いいえ, 運動が嫌いです。

次の文を友だちに韓国語で聞いてみましょう。

(1) 歌手は, 誰が好きですか。

(2) 俳優は, 誰が好きですか。

(3) 韓国料理は, 何が好きですか。

(4) 旅行が好きですか。

(5) 運動が嫌いですか。

(6) 勉強が好きですか。

▶ 誰 누구　|　俳優 배우　|　韓国料理 한국 요리　|　旅行 여행

第7課B 카페에서 공부해요.　139

8A 점심은 학교에서 먹어요.

Point 1 丁寧な言い方　～です，～ます

韓国語の用言の丁寧な言い方には，해요体（非格式体）と합니다体（格式体）があります。使い方は若干異なります。

해요体	합니다体
カジュアルな場面	フォーマルな場面
打ち解けた感じ	かしこまった感じ
柔らかい言い方	硬い言い方
例 밥을 먹어요.	例 밥을 먹습니다.

※합니다体 は第 10 課 PLUS ONE 参照

日本語と同様に韓国語の用言も活用します。辞書の見出し形である基本形はいずれも「-다」で終わります。基本形から「-다」を取り除いた部分を「語幹」といいます。用言の活用は，母音語幹用言か子音語幹用言かによって異なります。

母音語幹（パッチム ×）	子音語幹（パッチム ○）
語幹が母音で終わる用言	語幹が子音で終わる用言
例 가다 行く, 보다 見る, 바쁘다 忙しい	例 먹다 食べる, 좋다 良い, 만들다 作る

가다
└ 母音語幹

먹다
└ 子音語幹

140　チンチャ やさしい 韓国語

빵을 먹어요. パンを食べます。

Point 2　子音語幹用言の해요体

　해요体はやわらかくて親しみのある文体です。用言の語幹末の母音によって「-아요」か「-어요」をつけます。語幹末の母音が「ㅏ, ㅗ」の場合は，「-아요」を，それ以外の場合は「-어요」をつけます。疑問文の場合は，最後に「?」をつけて語尾を上げて発音します。

語幹末の母音	-아요/어요
ㅏ, ㅗ	아요
ㅏ, ㅗ 以外	어요

基本形	語幹		해요体
받다 もらう	받	⇒	받아요 もらいます
먹다 食べる	먹	⇒	먹어요 食べます

次のように書いて読んでみましょう。

	-아요		-어요
좋다 良い	좋아요? 좋아요.	없다 いない, ない	없어요? 없어요.
(1) 좁다 狭い		(4) 찍다 撮る	
(2) 괜찮다 大丈夫だ		(5) 읽다 読む	
(3) 살다 住む		(6) 만들다 作る	

第8課A　점심은 학교에서 먹어요.

식당에서 먹죠? 食堂で食べますよね。

Point 3　-죠?　～でしょう，～ですよね，～ますよね

　用言の語幹につけて事実の確認や同意などを表します。「-지요?」の縮約形ですが，会話では主に「-죠?」を使います。

基本形	-죠?
바쁘다 忙しい	바쁘죠? 忙しいでしょう
맛있다 おいしい	맛있죠? おいしいでしょう
좋아하다 好きだ，好む	좋아하죠? 好きでしょう

　次の文に「-죠?」をつけて読んでみましょう。

(1) 점심은 식당에서 먹다
　　昼食は食堂で食べる

(2) 매일 학교에 가다
　　毎日学校に行く

(3) 진짜 예쁘다
　　本当にかわいい

(4) 이거 괜찮다
　　これ大丈夫だ

韓国料理

비빔밥 ビビンバ	잡채 チャプチェ	김밥 キンパ	떡볶이 トッポッキ
냉면 冷麺	불고기 プルゴギ	삼겹살 サムギョプサル	삼계탕 サムゲタン

| 練習 | **読む・書く** |

 次の語に「-아요/어요」をつけて書いてみましょう。

基本形	-아요/어요	基本形	-아요/어요
(1) 작다 小さい		(6) 알다 分かる, 知る	
(2) 놀다 遊ぶ		(7) 늦다 遅い	
(3) 괜찮다 大丈夫だ		(8) 좋다 良い	
(4) 재미있다 面白い		(9) 앉다 座る	
(5) 맛있다 おいしい		(10) 같다 同じだ	

A-2 次の文を해요体に変えて読んでみましょう。

(1) 아침을 먹다 （朝食を食べる）

(2) 요리를 만들다 （料理を作る）

(3) 매일 책을 읽다 （毎日, 本を読む）

(4) 다 알다 （全部分かる）

(5) 친구와 놀다 （友だちと遊ぶ）

第8課A 점심은 학교에서 먹어요.

A-3 次の文を日本語に訳してみましょう。

(1) 저하고 같아요.

(2) 그 영화는 재미있어요?

(3) 비빔밥이 맛있죠?

(4) 오늘은 날씨가 좋아요.

(5) 어디에 살아요?

A-4 次の文を韓国語に訳してみましょう。

(1) いつ本を読みますか。

(2) 部屋が狭いですよね。

(3) 今日は何を食べますか。

(4) これがいいです。

(5) 明日は時間，大丈夫ですか。

あいさつ（飲食を勧める）

低	丁寧さ	高
맛있게 먹어.	맛있게 드세요.	맛있게 드십시오.
（おいしく）食べて。	（おいしく）召し上がってください。	

チンチャ やさしい 韓国語

8B 점심은 학교에서 먹어요.

会話

 수빈: 기숙사 생활은 어때요?

유이: 방이 좀 좁아요. 그래도 괜찮아요.

 수빈: 아침은 기숙사에서 먹어요?

유이: 네, 거의 기숙사에서 빵을 먹어요.

 수빈: 점심은 학교 식당에서 먹죠?

유이: 네, 점심은 학교에서 먹어요.
학생 식당 음식이 다 맛있어요.

単語と表現

- 기숙사[기숙싸]　寄宿舎, 寮
- 어때요?　どうですか
- 좀　少し, 「조금」の縮約形
- 그래도　それでも
- 아침　朝, 朝食
- 거의[거이]　ほとんど
- 점심　昼, 昼食
- 다　全部, すべて, みんな
- 생활　生活
- 방　部屋
- 좁아요　狭いです
- 괜찮아요[괜차나요]　大丈夫です
- 먹어요?　食べますか
- 빵　パン
- 음식　食べ物, 料理
- 맛있어요　おいしいです

第8課B 점심은 학교에서 먹어요.　145

練習　聞く・話す

B-1　イントネーションを意識しながら会話文を聞いてみましょう。

 8B-1

 수빈　① 기숙사 생활은 어때요?

 유이　② 방이 좀 좁아요. 그래도 괜찮아요.

 수빈　③ 아침은 기숙사에서 먹어요?

 유이　④ 네, 거의 기숙사에서 빵을 먹어요.

 수빈　⑤ 점심은 학교 식당에서 먹죠?

 유이　⑥ 네, 점심은 학교에서 먹어요.
　　　　⑦ 학생 식당 음식이 다 맛있어요.

スビン　：① 寮生活はどうですか。
ユイ　　：② 部屋が少し狭いです。それでも大丈夫です。
スビン　：③ 朝食は寮で食べますか。
ユイ　　：④ はい，ほとんど寮でパンを食べます。
スビン　：⑤ 昼食は学校の食堂で食べるでしょう。
ユイ　　：⑥ はい，昼食は学校で食べます。
　　　　　⑦ 学生食堂の食べ物が全部おいしいです。

例のように会話練習をしてみましょう。

> 例 아침에 뭐 먹다 (朝, 何を食べる) | 빵 (パン)
> 가: 아침에 뭐 먹어요?　朝, 何を食べますか。
> 나: 빵을 먹어요.　パンを食べます。

(1) 점심은 어디에서 먹다 (昼はどこで食べる)　　|　학생 식당 (学生食堂)

(2) 어디에 살다 (どこに住んでいる)　　|　시부야 (渋谷)

(3) 누구하고 쇼핑하다 (誰と買い物する)　　|　엄마 (母)

(4) 언제 음식을 만들다 (いつ料理を作る)　　|　일요일 (日曜日)

 次の質問に答えてみましょう。

(1) 밥이 좋아요? 빵이 좋아요?

(2) 일본 음식은 뭐가 맛있어요?

(3) 어디에 살아요?

第8課B 점심은 학교에서 먹어요.

B-4 音声を聞いて，内容と合うものを線で結んでみましょう。

가: 미나 씨 지금 어디예요? ミナさん，今どこですか。

나: 도쿄예요. 東京です。

가: 도쿄는 어때요? 東京はどうですか。

나: 사람이 많아요. 人が多いです。

例 도쿄는 ―――― 사람이 많다 （人が多い）

(1) 서울은 ・　　　・피자를 먹다 （ピザを食べる）

(2) 홍콩에서・　　　・음식이 맛있다 （食べ物がおいしい）

(3) 하와이는・　　　・쇼핑하다 （買い物する）

(4) 로마에서・　　　・날씨가 좋다 （天気が良い）

B-5 音声を聞いて，（ ）の中を埋めてみましょう。

 기숙사 생활은 (　　　　)?

 방이 좀 (　　　　). 그래도 괜찮아요.

 아침은 기숙사에서 먹어요?

 네, 거의 (　　　　)에서 빵을 먹어요.

 점심은 학교 식당에서 (　　　　)?

 네, 점심은 학교에서 (　　　　).
학생 식당 음식이 다 (　　　　).

PLUS ONE

해요体の使い方

해요体は，同じ形で平叙文や疑問文だけでなく，勧誘文と命令文にも使えます。文脈やイントネーションで区別します。

① 平叙文
  떡볶이를 **먹어요.** トッポッキを食べます。

② 疑問文
  뭐 **먹어요?** 何食べますか。

③ 勧誘文
  같이 **먹어요.** 一緒に食べましょう。

④ 命令文
  빨리 **먹어요.** 早く食べてください。

次の文を韓国語で話してみましょう。

(1) サムゲタンを一緒に食べましょう。

(2) ビビンバが好きですか。

(3) この本を早く読んでください。

(4) 韓国語も少し分かります。

(5) 朝ごはんは必ず食べてください。

(6) 私と猫カフェに行きましょう。

▶ 早く 빨리 │ 必ず 꼭 │ 猫カフェ 고양이 카페

第8課B 점심은 학교에서 먹어요. **149**

9A 같이 영화 봐요.

학교에 가요. 学校へ行きます。

Point 1　母音語幹用言の해요体①

　語幹末の母音によって「-아요」または「-어요」をつけるのは子音語幹用言の活用と同じですが，母音語幹用言の場合は，縮約もしくは脱落が起こります。語幹末の母音が「ㅏ，ㅓ，ㅕ，ㅐ，ㅔ」の場合は「-아/어」が脱落して，そのまま「요」をつけます。疑問文の場合は，最後に「？」をつけて語尾を上げて発音します。

基本形	語幹	-아요/어요		해요体
가다 行く	가	~~어~~요	⇒	가요 行きます
서다 立つ	서	~~어~~요	⇒	서요 立ちます
켜다 点ける	켜	~~어~~요	⇒	켜요 点けます
보내다 送る	보내	~~어~~요	⇒	보내요 送ります
세다 数える	세	~~어~~요	⇒	세요 数えます

 次の語に「-아요/어요」をつけて読んでみましょう。

基本形	-아요/어요	基本形	-아요/어요
(1) 사다 買う		(5) 켜다 点ける	
(2) 자다 寝る		(6) 타다 乗る	
(3) 서다 立つ		(7) 세다 数える	
(4) 지내다 過ごす		(8) 끝나다 終わる	

チンチャ やさしい 韓国語

영화를 봐요. 映画を見ます。

Point 2 母音語幹用言の해요体②

　語幹末の母音によって「-아요」または「-어요」をつけるのは同じですが，母音語幹末の母音が「ㅗ, ㅜ, ㅣ, ㅚ」の場合は「ㅘ, ㅝ, ㅕ, ㅙ」に縮約します。

基本形	語幹	-아요/어요		해요体
오다 来る	오	아요	⇒	와요 来ます
배우다 習う	배우	어요	⇒	배워요 習います
마시다 飲む	마시	어요	⇒	마셔요 飲みます
되다 なる	되	어요	⇒	돼요 なります
쉬다 休む	쉬	어요	⇒	쉬어요 休みます

　次の語に「-아요/어요」をつけて読んでみましょう。

基本形	-아요/어요	基本形	-아요/어요
(1) 보다 見る		(5) 오다 来る	
(2) 주다 あげる, くれる		(6) 외우다 覚える	
(3) 기다리다 待つ		(7) 되다 なる	
(4) 다니다 通う		(8) 쉬다 休む	

어디서 만날까요? どこで会いましょうか。

Point 3　-ㄹ까요?/을까요?　〜しましょうか

相手の意思の確認や提案をするときに使う表現です。常に疑問文として使われます。

パッチム× -ㄹ까요?		パッチム○ -을까요?	
가다 行く	갈까요? 行きましょうか	먹다 食べる	먹을까요? 食べましょうか
보다 見る	볼까요? 見ましょうか	읽다 読む	읽을까요? 読みましょうか

※ㄹ語幹は「-까요」をつけます。(놀다 遊ぶ → 놀까요? 遊びましょうか。)

次のように書いて読んでみましょう。

-ㄹ까요?		-을까요?	
공부하다 勉強する	공부할까요? 勉強しましょうか。	먹다 食べる	먹을까요? 食べましょうか。
(1) 마시다 飲む		(5) 닫다 閉める	
(2) 살다 住む		(6) 받다 もらう	
(3) 만들다 作る		(7) 씻다 洗う	
(4) 만나다 会う		(8) 앉다 座る	

チンチャ やさしい 韓国語

練習 読む・書く

A-1 次のように書いて読んでみましょう。

	-ㄹ까요?/을까요?	-아요/어요
공부하다 勉強する	공부할까요? 勉強しましょうか。	네, 공부해요. はい, 勉強しましょう。
(1) 단어를 외우다 単語を覚える		
(2) 문을 닫다 ドアを閉める		
(3) 텔레비전을 보다 テレビを見る		
(4) 여기에 앉다 ここに座る		

A-2 次の中から適当な疑問詞を選んで書いてみましょう。

언제（いつ）　어디（どこ）　뭘（何を）　몇（何〜）　무슨（何の）

(1) 가: 카페에서 (　　　) 마셔요?

　　나: 커피를 마셔요. コーヒーを飲みます。

(2) 가: (　　　) 테니스를 쳐요?

　　나: 수업 후에 테니스를 쳐요. 授業後にテニスをします。

(3) 가: (　　　) 명이 한국에 가요?

　　나: 네 명이 한국에 가요. 4名が韓国に行きます。

(4) 가: (　　　) 과일을 좋아해요?

　　나: 사과를 좋아해요. リンゴが好きです。

(5) 가: (　　　)에서 아르바이트해요?

　　나: 서점에서 아르바이트해요. 本屋でアルバイトします。

次の文を日本語に訳してみましょう。

(1) 대학교에서 한국어를 배워요.

(2) 대학교에 다녀요.

(3) 아침에 물을 마셔요.

(4) 한국어 단어를 외워요.

(5) 내일 어디에서 만날까요?

 次の文を韓国語に訳してみましょう。

(1) 友だちが日本に来ます。

(2) 教室で先生を待ちます。

(3) いつ韓国へ行きましょうか。

(4) コンビニで買います。

(5) 家でテレビを見ますか。

あいさつ（歓迎）

低	丁寧さ	高
어서 와.	어서 오세요.	어서 오십시오.
いらっしゃい。	いらっしゃいませ。	

9B 같이 영화 봐요.

会話

 유이: 수빈 씨, 오늘 오후에 시간 있어요?

수빈: 미안해요. 오후에는 학교에 가요.

 유이: 토요일에도 학교에 가요?

수빈: 네, 이번 주는 동아리가 있어요.

 유이: 그럼 내일은 시간 괜찮아요? 같이 영화 봐요.

수빈: 네, 내일은 좋아요. 어디서 만날까요?

 유이: 영화관 앞에서 세 시에 만나요.

単語と表現

- 시간　時間
- 학교　学校
- 토요일　土曜日
- 동아리　サークル
- 봐요　見ましょう
- 어디서　どこで, 「어디에서」の縮約形
- 영화관　映画館
- 세 시　3時
- 미안해요[미아내요]　すみません
- 가요　行きます
- 이번 주[이번쭈]　今週
- 영화　映画
- 좋아요[조아요]　いいです
- 만날까요　会いましょうか
- 앞　前
- 만나요　会いましょう

第9課B 같이 영화 봐요. 155

練習 聞く・話す

B-1　イントネーションを意識しながら会話文を聞いてみましょう。

 ① 수빈 씨, 오늘 오후에 시간 있어요?

 ② 미안해요. 오후에는 학교에 가요.

 ③ 토요일에도 학교에 가요?

 ④ 네, 이번 주는 동아리가 있어요.

 ⑤ 그럼 내일은 시간 괜찮아요? 같이 영화 봐요.

 ⑥ 네, 내일은 좋아요. 어디서 만날까요?

 ⑦ 영화관 앞에서 세 시에 만나요.

ユイ　：① スビンさん，今日の午後，時間ありますか。
スビン：② ごめんなさい。午後は学校へ行きます。
ユイ　：③ 土曜日も学校へ行きますか。
スビン：④ はい，今週はサークルがあります。
ユイ　：⑤ では，明日は時間，大丈夫ですか。一緒に映画を見ましょう。
スビン：⑥ はい，明日はいいです。どこで会いましょうか。
ユイ　：⑦ 映画館の前で3時に会いましょう。

156　チンチャ やさしい 韓国語

B-2　例のように会話練習をしてみましょう。

> 例　언제 같이 공부하다（いつ一緒に勉強する）｜ 내일（明日）
> 　가: 언제 같이 공부할까요?　いつ一緒に勉強しましょうか。
> 　나: 내일 같이 공부해요.　明日一緒に勉強しましょう。

(1) 언제 커피를 마시다（いつコーヒーを飲む）　　｜　식사 후（食後）

(2) 시험 공부를 어디에서 하다（試験勉強をどこでする）　｜　도서관（図書館）

(3) 무슨 요일에 만나다（何曜日に会う）　　　　｜　토요일（土曜日）

(4) 뭘 준비하다（何を準備する）　　　　　　　｜　음료수（飲み物）

(5) 이걸 어디에 놓다（これをどこに置く）　　　｜　책상 위（机の上）

 B-3　次の質問に答えてみましょう。

(1) 토요일에 학교에 가요?

(2) 우리 내일 같이 영화 볼까요?

(3) 도서관에서 같이 공부할까요?

B-4 音声を聞いて，誰が何をするか線で結んでみましょう。

> 가: 세리 씨, 주말에 시간 있어요? セリさん、週末に時間ありますか。
> 나: 네, 있어요 はい、あります。
> 가: 우리 같이 영화 볼까요? 私たち、一緒に映画見ましょうか。
> 나: 네, 좋아요. 영화 봐요. はい、いいですね。映画見ましょう。

例 세리　――――――　영화를 보다（映画を見る）

(1) 에미코　・　　　　・친구를 만나다（友だちに会う）

(2) 이리나　・　　　　・커피를 마시다（コーヒーを飲む）

(3) 다케루　・　　　　・노래방에 가다（カラオケに行く）

(4) 지훈　　・　　　　・점심을 먹다（昼食を食べる）

B-5 音声を聞いて，（　）の中を埋めてみましょう。

> 수빈 씨, 오늘 오후에 시간 (　　　　)?
> (　　　　). 오후에는 학교에 가요.
> 토요일에도 학교에 (　　　　)?
> 네, 이번 주는 동아리가 있어요.
> 그럼 내일은 시간 괜찮아요? 같이 영화 (　　　　).
> 네, 내일은 좋아요. 어디서 (　　　　)?
> 영화관 앞에서 세 시에 (　　　　).

PLUS ONE

助詞に注意③ 요리를 잘해요.

日本語の「〜が上手だ / 得意だ」は韓国語では「-를/을 잘하다」,「〜が下手だ / 苦手だ」は「-를/을 못하다」となります。助詞の使い方に注意しましょう。

① 가: 어떤 운동을 잘해요? どんな運動が得意ですか。
　 나: 저는 운동을 못해요. 私は運動が苦手です。

② 가: 누가 요리를 잘해요? 誰が料理が上手ですか。
　 나: 언니가 요리를 잘해요. 姉が料理が上手です。

③ 가: 영어를 잘해요? 英語が上手ですか。
　 나: 아뇨, 영어를 못해요. いいえ, 英語が下手です。

※ 못해요の発音は [모태요]

次の文を友だちに韓国語で聞いてみましょう。

(1) 料理は, 何が得意ですか。

(2) 勉強は, 何が得意ですか。

(3) 運動は, 何が得意ですか。

(4) 外国語は, 何が得意ですか。

(5) 家族の中で誰が料理が上手ですか。

(6) 家族の中で誰が運動が上手ですか。

▶ 外国語 외국어 ｜ 家族の中で 가족 중에서

第9課B 같이 영화 봐요. **159**

10A 오늘은 학교 안 가요?

학교 **안** 가요? 学校,行かないですか。

Point 1 안 ～ない

動詞や形容詞の前に「안」を置くと,否定形になります。ただし,「名詞＋하다（する）」の場合は,「하다」の前に「안」を置きます。

안 ＋ 動詞・形容詞

基本形	안	해요体
가다 行く	**안** 가다 行かない	**안** 가요 行きません
좋다 良い	**안** 좋다 良くない	**안** 좋아요 良くありません
좋아하다 好きだ	**안** 좋아하다 好きではない	**안** 좋아해요 好きではありません

名詞 ＋ 안 ＋ 하다

공부하다 勉強する	공부 **안** 하다 勉強しない	공부 **안** 해요 勉強しません

次のように書いて読んでみましょう。

먹다 食べる	안 먹어요? 안 먹어요.	사랑하다 愛する	사랑 안 해요? 사랑 안 해요.
(1) 배우다 学ぶ		(4) 식사하다 食事する	
(2) 마시다 飲む		(5) 일하다 仕事をする, 働く	
(3) 멀다 遠い		(6) 말하다 言う	

チンチャ やさしい 韓国語

오늘은 가지 않아요. 今日は行きません。

Point 2 -지 않다　～ない

語幹に「-지 않다」をつけて否定形を作ることもできます。「안」否定形は主に会話に用いられ，「-지 않다」否定形は主に書き言葉に用いられます。

語幹 + 지 않다

基本形	-지 않다	해요体
가다 行く	가지 않다 行かない	가지 않아요 行きません
좋다 良い	좋지 않다 良くない	좋지 않아요 良くありません
좋아하다 好きだ	좋아하지 않다 好きではない	좋아하지 않아요 好きではありません
공부하다 勉強する	공부하지 않다 勉強しない	공부하지 않아요 勉強しません

次のように書いて読んでみましょう。

살다 住む	살지 않아요? 살지 않아요.	멀다 遠い	멀지 않아요? 멀지 않아요.
(1) 오다 来る		(4) 맛있다 おいしい	
(2) 잊다 忘れる		(5) 좋아하다 好きだ	
(3) 타다 乗る		(6) 예쁘다 きれいだ，かわいい	

너무 예뻐요. とてもかわいいです。

Point 3　으語幹用言の活用

「아프다, 쓰다」など，語幹末の母音が「ㅡ」で終わる用言を「으語幹用言」といいます。해요体にするときは，「ㅡ」を取って，その前の母音が「ㅏ, ㅗ」なら「아요」を，それ以外なら「어요」をつけます。ただし，「쓰다」のように語幹が1文字の場合は，「ㅡ」を取って「어요」をつけます。疑問文の場合は，最後に「?」をつけて語尾を上げて発音します。

基本形	語幹	-아요/어요		해요体
아프다 痛い	아프	아요	⇒	아파요 痛いです
예쁘다 かわいい	예쁘	어요	⇒	예뻐요 かわいいです
쓰다 書く, 使う	쓰	어요	⇒	써요 書きます, 使います

次のように書いて読んでみましょう。

	-아요		-어요
고프다 空腹だ	고파요? 고파요.	기쁘다 嬉しい	기뻐요? 기뻐요.
(1) 바쁘다 忙しい		(4) 크다 大きい	
(2) 나쁘다 悪い		(5) 끄다 消す	
(3) 모으다 集める		(6) 슬프다 悲しい	

練習 読む・書く

A-1 例のように書いて読んでみましょう。

> 例 학교（学校） ｜ 멀다（遠い）
> → 학교는 안 멀어요.　学校は遠くありません。

(1) 운동（運動）　　　　　｜　좋아하다（好きだ）
→

(2) 날씨（天気）　　　　　｜　좋다（良い）
→

(3) 이번 주（今週）　　　　｜　만나다（会う）
→

(4) 이 영화（この映画）　　｜　슬프다（悲しい）
→

 A-2 例のように書いて読んでみましょう。

> 例 월요일（月曜日）｜ 바쁘다（忙しい）｜ 화요일（火曜日）
> → 월요일은 바빠요. 하지만 화요일은 바쁘지 않아요.
> 　月曜日は忙しいです。しかし，火曜日は忙しくありません。

(1) 영화（映画）　　　　　｜　좋아하다（好きだ）　｜　드라마（ドラマ）
→

(2) 날씨（天気）　　　　　｜　좋다（良い）　　　　｜　기분（気分）
→

(3) 치즈케이크（チーズケーキ）｜ 먹다（食べる）　　｜　치즈（チーズ）
→

(4) 이건（これは）　　　　｜　예쁘다（かわいい）　｜　저건（あれは）
→

第10課A　오늘은 학교 안 가요?

A-3 次の文を日本語に訳してみましょう。

(1) 오늘은 숙제를 안 해요.

(2) 가족과 같이 안 살아요?

(3) 이거 좀 짜지 않아요?

(4) 여동생이 너무 예뻐요.

(5) 저는 운동을 안 좋아해요.

A-4 次の文を韓国語に訳してみましょう。

(1) 今週は勉強しません。

(2) 家でテレビを見ないのですか。

(3) 宿題は好きではありません。

(4) 土曜日は学校に行きません。

(5) 今日はとても忙しいです。

あいさつ（飲食の前）

低	丁寧さ	高
잘 먹을게.	잘 먹을게요.	잘 먹겠습니다.

いただきます。

10B 오늘은 학교 안 가요?

会話

 수빈: 오늘 유이 씨 생일이죠? 축하해요.

유이: 와! 예쁘다. 이게 뭐예요?

 수빈: 지갑이에요.

유이: 고마워요. 너무 예뻐요.

 수빈: 근데 오늘은 학교 안 가요?

유이: 네, 오늘은 가지 않아요. 이번 주는 수업이 없어요.

 수빈: 그럼 같이 밥을 먹을까요?

유이: 네, 좋아요.

単語と表現

- 생일　誕生日
- 와!　うわぁ!
- 이게　これが, 이것이の縮約形
- 고마워요　ありがとうございます
- 예뻐요　かわいいです, きれいです
- 안 가요?　行かないですか
- 밥　ごはん

- 축하해요[추카해요]　おめでとうございます
- 예쁘다　かわいい, きれいだ
- 지갑　財布
- 너무　とても
- 근데　ところで, 그런데の縮約形
- 가지 않아요　行きません
- 먹을까요?　食べましょうか

| 練習 | **聞く・話す** |

B-1　イントネーションを意識しながら会話文を聞いてみましょう。

수빈　① 오늘 유이 씨 생일이죠? 축하해요.

유이　② 와! 예쁘다. 이게 뭐예요?

수빈　③ 지갑이에요.

유이　④ 고마워요. 너무 예뻐요.

수빈　⑤ 근데 오늘은 학교 안 가요?

유이　⑥ 네, 오늘은 가지 않아요.
　　　⑦ 이번 주는 수업이 없어요.

수빈　⑧ 그럼 같이 밥을 먹을까요?

유이　⑨ 네, 좋아요.

スビン：① 今日ユイさんの誕生日ですよね。おめでとうございます。
ユイ　：② うわぁ! かわいい。これは何ですか。
スビン：③ 財布です。
ユイ　：④ ありがとうございます。とてもかわいいです。
スビン：⑤ ところで今日は学校行かないのですか。
ユイ　：⑥ はい, 今日は行きません。
　　　　⑦ 今週は授業がありません。
スビン：⑧ では一緒にごはんを食べましょうか。
ユイ　：⑨ はい, いいですね。

B-2 例のように会話練習をしてみましょう。

> 例　아침 (朝) ｜ 빵을 먹다 (パンを食べる) ｜ 밥 (ごはん)
>
> 가: 아침에 빵을 먹어요?　朝, パンを食べますか。
>
> 나: 아뇨, 빵을 안 먹어요. 밥을 먹어요.
> 　　いいえ, パンを食べません。ごはんを食べます。

(1) 수요일 (水曜日) ｜ 한국어를 배우다 (韓国語を学ぶ) ｜ 금요일 (金曜日)

(2) 이번 달 (今月) ｜ 한국에 가다 (韓国に行く) ｜ 다음 달 (来月)

(3) 저녁 (夕方) ｜ 커피를 마시다 (コーヒーを飲む) ｜ 아침 (朝)

(4) 이번 주 (今週) ｜ 파티를 하다 (パーティーをする) ｜ 다음 주 (来週)

(5) 내일 (明日) ｜ 삼계탕을 먹다 (サムゲタンを食べる) ｜ 모레 (明後日)

※「이번 달에, 다음 달에, 저녁에, 아침에, 이번 주에, 다음 주에」などのように, 時間を表す語句の後には助詞「에」をつけます。

B-3 次の質問に否定形で答えてみましょう。

(1) 오늘 날씨가 좋아요?　아뇨, _____. (안否定形)

(2) 한국 드라마를 봐요?　아뇨, _____. (안否定形)

(3) 김치를 먹어요?　아뇨, _____. (-지 않다否定形)

(4) 커피를 좋아해요?　아뇨, _____. (-지 않다否定形)

第10課B 오늘은 학교 안 가요?

音声を聞いて，誰が何をしないか線で結んでみましょう。

> 가: 에미 씨 한국 음식을 좋아해요?
> エミさん，韓国料理が好きですか。
>
> 나: 네, 자주 먹어요. 하지만 김치는 안 먹어요.
> はい，しょっちゅう食べます。しかし，キムチは食べません。

例　에미　――――――　김치를 안 먹다（キムチを食べない）

(1)　유토　・　　　　・커피를 안 마시다（コーヒーを飲まない）

(2)　아유　・　　　　・뉴스를 안 보다（ニュースを見ない）

(3)　지영　・　　　　・드라마를 안 보다（ドラマを見ない）

(4)　미호　・　　　　・야구를 안 하다（野球をしない）

B-5 音声を聞いて，（　）の中を埋めてみましょう。

> 오늘 유이 씨 생일이죠? (　　　　　).
>
> 와! 예쁘다. 이게 뭐예요?
>
> (　　　)이에요.
>
> 고마워요. 너무 (　　　　).
>
> 근데 오늘은 학교 (　　　　)?
>
> 네, 오늘은 (　　　　　).
> 이번 주는 수업이 없어요.
>
> 그럼 같이 밥을 (　　　　　)?
>
> 네, 좋아요.

PLUS ONE

합니다体

韓国語の用言の丁寧体には해요体と합니다体があります。합니다体は해요体よりフォーマルで硬い言い方です。活用する際には，母音語幹の用言には「-ㅂ니다/ㅂ니까?」を，子音語幹の用言には「-습니다/습니까?」をつけます。

基本形	語幹	-ㅂ니다/ㅂ니까? -습니다/습니까?	합니다体
가다 行く	가	-ㅂ니다 -ㅂ니까? ⇒	갑니다 行きます 갑니까? 行きますか
먹다 食べる	먹	-습니다 -습니까? ⇒	먹습니다 食べます 먹습니까? 食べますか

① 가: 한국에 갑니까? 韓国に行きますか。
　나: 네, 갑니다. はい、行きます。 ｜ 아뇨, 안 갑니다. いいえ、行きません。
② 가: 김치를 먹습니까? キムチを食べますか
　나: 네, 먹습니다. はい、食べます。｜ 아뇨, 안 먹습니다. いいえ、食べません。

次の文を합니다体に変えて読んでみましょう。

(1) 저는 자주 과일을 먹어요.

(2) 집에서 한국 드라마를 봐요?

(3) 학교에서 한국어를 배워요.

(4) 주말에는 알바를 해요.

(5) 오후에 친구를 만나요?

(6) 오늘은 좀 바빠요.

第10課B 오늘은 학교 안 가요?

# 11A 전주까지 얼마나 걸려요?

 KTX로 가요. KTXで行きます。

Point 1　-로/으로　～で（手段・道具），～へ（方向）

直前にパッチムがあるかないかによって使い分けます。ただし，ㄹ語幹はパッチムがない体言と同じく「-로」をつけます。

パッチム× / ㄹ語幹　-로	パッチム○　-으로
버스**로** バスで 호텔**로** ホテルへ	볼펜**으로** ボールペンで 공항**으로** 空港へ

 次の語に「-로/으로」をつけて読んでみましょう。

パッチム× / ㄹ語幹		パッチム○	
(1) 택시 タクシー		(4) 도서관 図書館	
(2) 바다 海		(5) 젓가락 箸	
(3) 지하철 地下鉄		(6) 숟가락 スプーン	

乗り物

비행기 飛行機	차 車	버스 バス	전철 電車
자전거 自転車	신칸센 新幹線	택시 タクシー	지하철 地下鉄

서울**에서** 전주**까지** 얼마나 걸려요?
ソウル**から**全州**まで**どのくらいかかりますか。

Point 2　-에서　～から, -까지　～まで

　出発点（場所）から着点までを表す助詞です。直前にパッチムがあってもなくても形は同じです。

> 학교**에서** 집**까지**　学校から家まで
> 서울**에서** 부산**까지**　ソウルから釜山まで
> 공항**에서** 호텔**까지**　空港からホテルまで

 次のように書いて読んでみましょう。

도쿄　東京	나고야　名古屋	도쿄에서 나고야까지　東京から名古屋まで
(1) 집　家	학교　学校	
(2) 일본　日本	한국　韓国	
(3) 여기　ここ	식당　食堂	
(4) 부산　釜山	서울　ソウル	

スポーツ

축구	야구	배드민턴	농구
サッカー	野球	バドミントン	バスケットボール
골프	유도	태권도	배구
ゴルフ	柔道	テコンドー	バレーボール

第11課A　전주까지 얼마나 걸려요?　171

버스로도 갈 수 있어요. バスでも行けます。

Point 3 　-ㄹ/을 수 있다(없다)　～することができる（できない）

可能・不可能を表す表現です。用言の語幹末にパッチムがあるかないかによって使い分けます。疑問文の場合は，最後に「？」をつけて語尾を上げて発音します。

パッチム ✕　-ㄹ 수 있다/없다		パッチム 〇　-을 수 있다/없다	
가다　行く	**갈 수 있어요**　行くことができます　**갈 수 없어요**　行くことができません	먹다　食べる	**먹을 수 있어요**　食べることができます　**먹을 수 없어요**　食べることができません

※ㄹ語幹は「-수 있다(없다)」だけをつけます。
　(만들다 作る → 만들 수 있어요. 作れます。　만들 수 없어요. 作れません。)

次のように書いて読んでみましょう。

	パッチム✕		パッチム〇
보다　見る	볼 수 있어요?　볼 수 없어요.	받다　もらう	받을 수 있어요?　받을 수 없어요.
(1) 마시다　飲む		(4) 입다　着る	
(2) 만나다　会う		(5) 찾다　探す	
(3) 오다　来る		(6) 잊다　忘れる	

172　チンチャ やさしい 韓国語

読む・書く

A-1 例 のように正しいものに〇をつけて読んでみましょう。

例　학교까지 자전거(로/으로) 와요.　学校まで自転車で来ます。

(1) 우리는 지하철(로/으로) 가요.　私たちは地下鉄で行きます。

(2) 도쿄(에서/로) 친구하고 놀아요.　東京で友だちと遊びます。

(3) 밥은 숟가락(에서/으로) 먹어요.　ごはんはスプーンで食べます。

(4) 오사카(로/까지) 차로 가요.　大阪まで車で行きます。

(5) 이번 휴가는 서울(로/으로) 가요.　今度の休暇はソウルへ行きましょう。

A-2 例 のように書いて読んでみましょう。

例　한국어로 말하다 （韓国語で言う）
→ 한국어로 말할 수 있어요.　韓国語で言うことができます。
　 한국어로 말할 수 없어요.　韓国語で言うことができません。

(1) 한국어로 메일을 쓰다 （韓国語でメールを書く）
→

(2) 한국 노래를 부르다 （韓国の歌を歌う）
→

(3) 술을 마시다 （お酒を飲む）
→

(4) 여기에서 사진을 찍다 （ここで写真を撮る）
→

(5) 혼자서 여행하다 （一人で旅行する）
→

次の文を日本語に訳してみましょう。

(1) 낫토는 먹을 수 없어요.

(2) 호텔까지 어떻게 가요?

(3) 학교에 자전거로 다녀요.

(4) 버스로도 갈 수 있어요.

(5) 한국으로 여행 갈까요?

次の文を韓国語に訳してみましょう。

(1) 家から学校まで自転車で来ます。

(2) 東京からソウルまで飛行機で行きます。

(3) 週末に会えますか。

(4) 今は食べられません。

(5) 地下鉄で行きましょうか。

▶ 週末 주말 ｜ 今 지금

あいさつ（飲食の後）

低　　　　　丁寧さ　　　　　高

| 잘 먹었어. | 잘 먹었어요. | 잘 먹었습니다. |
| ごちそうさま。 | | ごちそうさまでした。 |

チンチャ やさしい 韓国語

11B 전주까지 얼마나 걸려요?

会話

 유이: 다음 주 토요일에 전주에 가요.
전주는 뭐가 유명해요?

수빈: 비빔밥이 유명해요.
그리고 한옥마을도 있어요.

 유이: 그런데 전주까지는 어떻게 가요?

수빈: KTX로 가요. 버스로도 갈 수 있어요.

 유이: 서울에서 전주까지 얼마나 걸려요?

수빈: KTX로 두 2시간, 버스로 네 4시간쯤 걸려요.

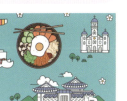

単語と表現

- 다음 주 [다음쭈]　来週
- 유명해요　有名です
- 그리고　そして
- 그런데　ところで, 縮約形은 근데
- 버스　バス
- KTX　高速鉄道
- 얼마나　どのくらい, どれくらい
- -쯤　〜くらい, 〜頃
- 전주　全州
- 비빔밥 [비빔빱]　ビビンバ
- 한옥마을 [하농마을]　韓屋村
- 어떻게 [어떠케]　どうやって, どのように
- 갈 수 있어요 [갈쑤이써요]　行けます
- 서울　ソウル
- 걸려요　かかります

第11課B 전주까지 얼마나 걸려요?　175

練習　聞く・話す

B-1　イントネーションを意識しながら会話文を聞いてみましょう。

유이
① 다음 주 토요일에 전주에 가요.
② 전주는 뭐가 유명해요?

수빈
③ 비빔밥이 유명해요.
④ 그리고 한옥마을도 있어요.

유이
⑤ 그런데 전주까지는 어떻게 가요?

수빈
⑥ KTX로 가요. 버스로도 갈 수 있어요.

유이
⑦ 서울에서 전주까지 얼마나 걸려요?

수빈
⑧ KTX로 2시간, 버스로 4시간쯤 걸려요.

ユイ　：① 来週の土曜日に全州に行きます。
　　　　② 全州は何が有名ですか。
スビン：③ ビビンバが有名です。
　　　　④ そして韓屋村もあります。
ユイ　：⑤ ところで全州まではどうやって行きますか。
スビン：⑥ KTXで行きます。バスでも行けます。
ユイ　：⑦ ソウルから全州までどのくらいかかりますか。
スビン：⑧ KTXで2時間, バスで4時間くらいかかります。

チンチャ やさしい 韓国語

B-2 例のように会話練習をしてみましょう。

> 例 운전을 하다 (運転をする)
>
> 가: 운전을 할 수 있어요?　運転をすることができますか。
>
> 나: 네, 운전을 할 수 있어요.　はい, 運転をすることができます。
>
> 　　아뇨, 운전을 할 수 없어요.　いいえ, 運転をすることができません。

(1) 매운 음식을 먹다 (辛い料理を食べる)

(2) 한국어 신문을 읽다 (韓国語の新聞を読む)

(3) 같이 한국에 가다 (一緒に韓国に行く)

(4) 기모노를 혼자서 입다 (着物を一人で着る)

(5) 피아노를 치다 (ピアノを弾く)

B-3 次の質問に答えてみましょう。

(1) 혼자서 여행할 수 있어요?

(2) 한국 사람하고 한국어로 말할 수 있어요?

(3) 집에서 학교까지 걸어서 와요?

▶ 걸어서　歩いて

音声を聞いて，ⓐからⓑまでどのように行くか線で結んでみましょう。

> 유미는 대학생이에요. ユミは大学生です。
>
> 매일 집에서 학교까지 버스로 가요.
> 毎日家から学校までバスで行きます。

例 유미	ⓐ집 → ⓑ학교	————	버스	
(1) 슈지	ⓐ학교 → ⓑ역	·	·전철	
(2) 선우	ⓐ서울 → ⓑ인천	·	·택시	
(3) 아이리	ⓐ회사 → ⓑ요리 교실 ·		·차	
(4) 지혜	ⓐ집 → ⓑ병원	·	·자전거	

 音声を聞いて，（　）の中を埋めてみましょう。

> 다음 주 토요일에 전주에 가요.
> 전주는 뭐가 (　　　　)?
>
> (　　　　)이 유명해요.
> 그리고 한옥마을도 있어요.
>
> 그런데 전주까지는 (　　　　　)?
>
> KTX로 가요. 버스로도 (　　　　　).
>
> 서울(　) 전주(　) 얼마나 걸려요?
>
> KTX로 (　)시간, 버스로 (　)시간쯤 걸려요.

PLUS ONE

무슨　何の～, 何～

疑問詞の「무슨」は後ろに名詞をつけて，「何の～, 何～」という意味になります。

① 가: **무슨** 음식을 좋아해요? 何の食べ物が好きですか。
　 나: 고기를 제일 좋아해요. 肉がいちばん好きです。

② 가: **무슨** 운동을 좋아해요? 何の運動が好きですか。
　 나: 테니스를 좋아해요. テニスが好きです。

③ 가: 오늘이 **무슨** 요일이에요? 今日は何曜日ですか。
　 나: 오늘은 수요일이에요. 今日は水曜日です。

④ 가: **무슨** 학과예요? 何学科ですか。
　 나: 일본어학과예요. 日本語学科です。

次の文を韓国語で話してみましょう。

(1) 今，何の勉強をしていますか。

(2) 今日は何曜日ですか。

(3) 何の料理が好きですか。

(4) 何学科ですか。

(5) ２限は何の授業ですか。

(6) 何の果物が好きですか。

▶ 果物　과일

# 12A 수업은 몇 시부터예요?

 2시40분**부터** 4시10분**까지**예요.
　　두　사십　　　네　십
2時40分**から**4時10分**まで**です。

Point 1　-부터　〜から，-까지　〜まで

時間や時期などの開始時点から終了時点までを表す助詞です。直前にパッチムがあってもなくても形は同じです。

> 오전**부터** 오후**까지**　午前から午後まで
> 한 시**부터** 네 시**까지**　1時から4時まで
> 봄**부터** 여름**까지**　春から夏まで

 次のように書いて読んでみましょう。

			월요일부터 금요일까지 月曜日から金曜日まで
	월요일　月曜日	금요일　金曜日	
(1)	아침　朝	저녁　夕方	
(2)	오늘　今日	내일　明日	
(3)	구월　9月	시월　10月	
(4)	일곱 시　7時	열한 시　11時	

時刻の言い方

「〜時〜分」の言い方は，韓国語では「固有数詞＋시，漢数詞＋분」のように表します。

1時10分	**한** 시 **십** 분	5時50分	**다섯** 시 **오십** 분
2時20分	**두** 시 **이십** 분	6時15分	**여섯** 시 **십오** 분
3時30分	**세** 시 **삼십** 분	7時25分	**일곱** 시 **이십오** 분
4時40分	**네** 시 **사십** 분	12時35分	**열두** 시 **삼십오** 분

チンチャ やさしい 韓国語

알바가 있지만 괜찮아요.
アルバイトがあるけど大丈夫です。

Point 2 **-지만** ～けれど，～だが

用言の語幹につけて逆接の意味を表します。

語幹 + 지만

基本形	-지만
어렵다 難しい	어렵**지만** 재미있어요. 難しいけど，面白いです。
예쁘다 かわいい	예쁘**지만** 비싸요. かわいいけど，高いです。
먹다 食べる	먹**지만** 안 좋아해요. 食べるけど，好きではありません。

次のように書いて読んでみましょう。

방이 작다 部屋が小さい 깨끗하다 きれいだ	방이 작지만 깨끗해요. 部屋が小さいけど，きれいです。
(1) 우유는 마시다 牛乳は飲む 안 좋아해요 好きではない	
(2) 알바를 하다 アルバイトをする 돈이 없다 お金がない	
(3) 바쁘다 忙しい 기분이 좋다 気分が良い	
(4) 맛있다 おいしい 양이 적다 量が少ない	
(5) 발음이 어렵다 発音が難しい 재미있다 面白い，楽しい	

第12課A 수업은 몇 시부터예요?

오늘요? 今日ですか。

Point 3　-요　〜です

「요」は丁寧さを表すために語末につけます。「누가요? 誰が（ですか）」「우리 어머니가요. 私の母が（です）」のように単語や短いフレーズだけで聞き返しや確認をするときに使います。体言や助詞につけて述部を省略した形で使います。疑問文の場合は，最後に「?」をつけて語尾を上げて発音します。

가: 어디에서 해요? どこでしますか。 나: 학교에서요. 学校でです。	왜요? なぜですか。 친구는요? 友だちは（どうですか）。

※친구는요の発音は [친구는뇨]

 次の語に「-요」をつけて読んでみましょう。

	-요		-요?
(1) 다시 한번 　　もう一度		(4) 진짜 　　本当	
(2) 친구하고 　　友だちと		(5) 언제 　　いつ	
(3) 한국에 　　韓国に		(6) 누가 　　誰が	

※한번요の発音は [한번뇨]

読む・書く

A-1 例のように書いて読んでみましょう。

> 例　아침(부터) 저녁까지 일해요.　朝から晩まで働きます。

(1) 서울에서 부산(　　) 여행해요.　ソウルから釜山まで旅行します。

(2) 1교시(　　) 3교시까지 수업이 있어요.　1限から3限まで授業があります。

(3) 월요일부터 금요일(　　) 학교에 와요.　月曜日から金曜日まで学校に来ます。

(4) 1시부터 5시(　　) 알바를 해요.　1時から5時までアルバイトをします。

(5) 역(　　) 자전거로 가요.　駅まで自転車で行きます。

 A-2 例のように書いて読んでみましょう。

> 例　월요일은 바빠요. 하지만 화요일은 안 바빠요.
> 　　月曜日は忙しいです。けれども，火曜日は忙しくありません。
> → 월요일은 바쁘지만 화요일은 안 바빠요.
> 　　月曜日は忙しいけど，火曜日は忙しくありません。

(1) 영화는 좋아해요. 하지만 드라마는 안 좋아해요.
　　映画は好きです。しかし，ドラマは好きではありません。
→

(2) 머리는 안 아파요. 하지만 공부는 할 수 없어요.
　　頭は痛くありません。しかし，勉強はすることができません。
→

(3) 치즈케이크는 먹어요. 하지만 치즈는 안 먹어요.
　　チーズケーキは食べます。しかし，チーズは食べません。
→

(4) 이건 예뻐요. 하지만 저건 안 예뻐요.
　　これはかわいいです。けれども，あれはかわいくありません。
→

第12課A　수업은 몇 시부터예요?

A-3 次の文を日本語に訳してみましょう。

(1) 이 일은 내일까지 할 수 있어요.

(2) 다음 주부터 편의점에서 알바해요.

(3) 저는 지금 한국에 있어요. 선생님은요?

(4) 가족과 같이 안 살지만 매일 전화해요.

(5) 지금은 시간이 없지만 토요일은 괜찮아요.

A-4 次の文を韓国語に訳してみましょう。

(1) 量は少ないけど，おいしいです。

(2) 月曜日から金曜日まで授業があります。

(3) いつからいつまで韓国へ行きますか。

(4) デパートへ行くけど，買いません。

(5) 食べるけど，好きではありません。

あいさつ（外出時）

低	丁寧さ	高
다녀올게.	다녀올게요.	다녀오겠습니다.

行ってきます。

수업은 몇 시부터예요?

会話

수빈: 한국어 수업은 몇 시부터예요?

유이: 1시부터예요. 지금 몇 시예요?
　　　(한)

수빈: 12시 50분이에요.
　　　(열 두)(오 십)

유이: 수빈 씨는 몇 시에 수업이 있어요?

수빈: 2시 40분부터 4시10분까지예요.
　　　(두)(사십)　　(네)(십)

유이: 수업 후에 잠깐 만날 수 있어요?

수빈: 오늘요?
　　　5시 반부터 알바가 있지만 30분 정도는 괜찮아요.
　　　(다섯)　　　　　　　　　(삼십)

単語と表現

- 몇 시[멷 씨]　何時
- 시　時
- 수업 후에　授業後に
- 만날 수 있어요? [만날쑤이써요]　会えますか
- 반　半
- 지금　今
- 분　分
- 잠깐　少し，ちょっと
- 오늘요? [오늘료]　今日ですか
- 정도　~ほど，~程度，~くらい

| 練習 | 聞く・話す |

 イントネーションを意識しながら会話文を聞いてみましょう。

 수빈　① 한국어 수업은 몇 시부터예요?

 유이　② 1시부터예요. 지금 몇 시예요?

 수빈　③ 12시 50분이에요.

 유이　④ 수빈 씨는 몇 시에 수업이 있어요?

 수빈　⑤ 2시 40분부터 4시 10분까지예요.

 유이　⑥ 수업 후에 잠깐 만날 수 있어요?

 수빈　⑦ 오늘요?
　　　⑧ 5시 반부터 알바가 있지만 30분 정도는 괜찮아요.

スビン：① 韓国語の授業は何時からですか。
ユイ　：② 1時からです。今何時ですか。
スビン：③ 12時50分です。
ユイ　：④ スビンさんは何時に授業がありますか。
スビン：⑤ 2時40分から4時10分までです。
ユイ　：⑥ 授業の後にちょっと会えますか。
スビン：⑦ 今日ですか。
　　　　⑧ 5時半からアルバイトがあるけれど，30分程度は大丈夫です。

B-2 例 のように会話練習をしてみましょう。

> 例 가: 몇 시부터 몇 시까지 점심시간이에요? (12:20~1:10)
> 　　　何時から何時まで昼食の時間ですか。
>
> 　　나: 12시 20분부터 1시 10분까지예요.
> 　　　12時20分から1時10分までです。

(1) 몇 시부터 몇 시까지 한국어를 배워요? 　　　(9:00~10:30)
　　 何時から何時まで韓国語を学びますか。

(2) 언제부터 언제까지 봄방학이에요? 　　　(2月~3月)
　　 いつからいつまで春休みですか。

(3) 몇 시부터 몇 시까지 아르바이트해요? 　　　(5:00~10:00)
　　 何時から何時までアルバイトしますか。

(4) 며칠부터 며칠까지 시험이에요? 　　　(10日~15日)
　　 何日から何日まで試験ですか。

(5) 몇 시부터 몇 시까지 공부해요? 　　　(8:30~11:00)
　　 何時から何時まで勉強しますか。

B-3 次の質問に答えてみましょう。

(1) 몇 살부터 운전을 할 수 있어요?

(2) 일요일은 보통 몇 시까지 자요?

(3) 무슨 요일부터 무슨 요일까지 수업이 있어요?

B-4 次のスケジュールを参考に，音声の内容と一致すれば〇，一致しなければ×をつけてみましょう。

月曜日	火曜日	水曜日	木曜日	金曜日
韓国語の授業	アルバイト	アルバイト	買い物	図書館で宿題
13:00～14:30	17:00～21:00	17:00～21:00	10:00～15:00	14:00～16:00

(1) (　) 　　(2) (　) 　　(3) (　) 　　(4) (　)

B-5 音声を聞いて，(　)の中を埋めてみましょう。

 한국어 수업은 몇 (　　　)예요?

 1시부터예요. 지금 몇 시예요?

 (　　)시 (　　)분이에요.

 수빈 씨는 몇 시에 수업이 있어요?

 2시 40분(　　) 4시10분(　　)예요.

 수업 후에 잠깐 (　　　)있어요?

 오늘(　　)?
5시 반부터 알바가 (　　　) 30분 정도는 괜찮아요.

PLUS ONE

助詞に注意④　친구를 만나요.

　日本語の「〜に会う」は「-를/을 만나다」,「〜に乗る」は韓国語では「-를/을 타다」となります。助詞の使い方に注意しましょう。

---

① 가: 주말에 뭐 해요?　週末に何をしますか。

　　나: 친구를 만나요.　友だちに会います。

② 가: 여기에서 어떻게 가요?　ここからどうやって行きますか。

　　나: 지하철을 타요.　地下鉄に乗ります。

適当な助詞を選んで読んでみましょう。

(1) 어디에서 버스(에/를) 타요?　どこでバスに乗りますか。

(2) 선생님(에/을) 만나요.　先生に会います。

(3) 운동(이/을) 좋아해요.　運動が好きです。

(4) 요리(가/를) 잘해요.　料理が上手(得意)です。

(5) 한국어(가/를) 읽을 수 있어요.　韓国語が読めます。

(6) 매운 음식(이/을) 먹을 수 없어요.　辛い食べ物が食べられません。

비빔밥이 맛있었어요.

 비빔밥이 **맛있었어요**. ビビンバが**おいしかったです**。

Point 1　-았어요/었어요　過去形

用言の過去形は，語幹末の母音によって「-았어요」または「-었어요」をつけます。하다用言は「했어요」になります。疑問文の場合は，最後に「？」をつけて語尾を上げて発音します。

❶ 子音語幹

語幹末の母音	-았어요/었어요	基本形	語幹		해요体
ㅏ, ㅗ	**았어요**	받다 もらう	받	⇒	받**았어요** もらいました
ㅏ, ㅗ 以外	**었어요**	먹다 食べる	먹	⇒	먹**었어요** 食べました

❷ 母音語幹

基本形	語幹	-았어요/었어요		해요体
가다 行く	가	**았어요**	⇒	갔**어요** 行きました
서다 立つ	서	**었어요**	⇒	섰**어요** 立ちました
켜다 点ける	켜	**었어요**	⇒	켰**어요** 点けました
보내다 送る	보내	**었어요**	⇒	보냈**어요** 送りました
오다 来る	오	**았어요**	⇒	왔**어요** 来ました
배우다 習う	배우	**었어요**	⇒	배웠**어요** 習いました
마시다 飲む	마시	**었어요**	⇒	마셨**어요** 飲みました
되다 なる	되	**었어요**	⇒	됐**어요** なりました
하다 する	하	**였어요**	⇒	했**어요** しました

※「하다用言」は「-했어요」になります。(공부하다 勉強する → 공부했어요. 勉強しました。)

아! 들었어요. あ！聞きました。

Point 2　ㄷ不規則用言の活用

「듣다, 걷다, 묻다」など，語幹が「ㄷ」で終わる不規則活用の用言を「ㄷ不規則用言」といいます。後ろに母音が来るとㄷパッチムは「ㄹ」に変わります。

基本形	語幹		-아요/어요	-을까요?	-을 수 있어요
듣다 聞く	듣	⇒	들어요 聞きます	들을까요? 聞きましょうか	들을 수 있어요 聞くことができます
걷다 歩く	걷	⇒	걸어요 歩きます	걸을까요? 歩きましょうか	걸을 수 있어요 歩くことができます
묻다 尋ねる	묻	⇒	물어요 尋ねます	물을까요? 尋ねましょうか	물을 수 있어요 尋ねることができます

※「받다（もらう）, 닫다（閉める）, 믿다（信じる）, 얻다（得る）」などは規則活用（받아요, 닫아요, 믿어요, 얻어요）をします。

以下の語を活用してみましょう。

基本形	-고 있어요	-았어요/었어요	-을 수 없어요
(1) 듣다 聞く			
(2) 걷다 歩く			
(3) 묻다 尋ねる			
(4) 받다 もらう			
(5) 닫다 閉める			

수빈이한테서 들었어요. スビンから聞きました。

> **Point 3**　-한테(에게)　～に，-한테서(에게서)　～から

「-한테/에게（～に）」と「-한테서/에게서（～から）」は人や動物に使う表現です。「-한테」と「-한테서」は主に会話で使われ，「-에게」と「-에게서」は主に書き言葉で使われます。

-한테(에게)　～に	-한테서(에게서)　～から
후배**한테** 줬어요. 後輩にあげました。	후배**한테서** 받았어요. 後輩からもらいました。
친구**한테** 전화했어요. 友だちに電話しました。	친구**한테서** 전화가 왔어요. 友だちから電話がかかってきました。

 日本語に合わせて「-한테/한테서」をつけて読んでみましょう。

(1) 선배(　　　) 메일이 왔어요.
　　先輩からメールが来ました。

(2) 그 이야기를 누구(　　　) 했어요?
　　その話を誰にしましたか。

(3) 누구(　　　) 받았어요?
　　誰からもらいましたか。

(4) 선생님(　　　) 들었어요.
　　先生から聞きました。

(5) 제가 친구(　　　) 선물을 줬어요.
　　私が友だちにプレゼントをあげました。

※「私が」は「저가」ではなく「제가」になるので注意しましょう。

読む・書く

A-1 例のように書いて読んでみましょう。

例 자다 寝る	자요 寝ます	잤어요 寝ました
(1) 전부 먹다 全部食べる		
(2) 친구하고 놀다 友だちと遊ぶ		
(3) 선물을 사다 プレゼントを買う		
(4) 얼굴이 예쁘다 顔がかわいい		
(5) 오늘은 안 가다 今日は行かない		
(6) 왜 청소하다? なぜ掃除するのか		
(7) 참 친절하다 とても親切だ		

A-2 次の文を完成させて，読んでみましょう。

(1) 어제 공원을 1시간 (　　　　　). 昨日，公園を1時間歩きました。

(2) 그 이야기를 친구한테서 (　　　　　). その話を友だちから聞きました。

(3) 누구한테 (　　　　　)? 誰に尋ねましたか。

(4) 언제나 지하철에서 음악을 (　　　　　). いつも地下鉄で音楽を聴きます。

(5) 날씨가 좋아요. 같이 (　　　　　)? 天気がいいです。一緒に歩きましょうか。

第13課A 비빔밥이 맛있었어요.

A-3 次の文を日本語に訳してみましょう。

(1) 누구한테서 들었어요?

(2) 학교에서 집까지 30분 걸었어요.

(3) 어제는 학교에 안 갔어요?

(4) 오늘은 날씨가 아주 좋았어요.

(5) 3시부터 6시까지 알바를 했어요.

A-4 次の文を韓国語に訳してみましょう。

(1) このカバンはどこで買いましたか。

(2) 去年，母からもらいました。

(3) 週末は家にいました。

(4) 韓国から友だちが来ました。

(5) 何がおいしかったですか。

▶ 去年 작년

あいさつ（帰宅時）

低　　　　　丁寧さ　　　　　高

다녀왔어.	다녀왔어요.	다녀왔습니다.
ただいま。		ただいま帰りました。

13B 비빔밥이 맛있었어요.

会話

 은우: 오랜만이에요. 잘 지냈어요?

유이: 네, 좀 바빴지만 잘 지냈어요. 참, 지난주에 혼자서 전주에 갔어요.

 은우: 아! 들었어요.

유이: 누구한테 들었어요?

 은우: 수빈이한테서 들었어요. 전주는 어땠어요?

유이: 비빔밥이 너무 맛있었어요. 한옥마을도 좋았어요.

単語と表現

- 오랜만이에요　お久しぶりです
- 좀　少し
- 참　そうだ（思い出した時）
- 혼자서　一人で
- 들었어요　聞きました
- 비빔밥 [비빔빱]　ビビンバ
- 좋았어요　良かったです
- 잘 지냈어요?　お元気でしたか
- 바빴지만 [바빧찌만]　忙しかったけど
- 지난주　先週
- 갔어요　行きました
- 어땠어요?　どうでしたか
- 맛있었어요　おいしかったです

練習 　**聞く・話す**

 イントネーションを意識しながら会話文を聞いてみましょう。

 은우 ① 오랜만이에요. 잘 지냈어요?

 유이 ② 네, 좀 바빴지만 잘 지냈어요.
③ 참, 지난주에 혼자서 전주에 갔어요.

 은우 ④ 아! 들었어요.

 유이 ⑤ 누구한테 들었어요?

 은우 ⑥ 수빈이한테서 들었어요. 전주는 어땠어요?

 유이 ⑦ 비빔밥이 너무 맛있었어요.
⑧ 한옥마을도 좋았어요.

ウンウ：① お久しぶりです。お元気でしたか。
ユイ　：② はい，少し忙しかったけど，元気でした。
　　　　③ そうだ，先週一人で全州に行きました。
ウンウ：④ あ！聞きました。
ユイ　：⑤ 誰に聞きましたか。
ウンウ：⑥ スビンから聞きました。全州はどうでしたか。
ユイ　：⑦ ビビンバがとてもおいしかったです。
　　　　⑧ 韓屋村も良かったです。

B-2 例 のように会話練習をしてみましょう。

> 例 가: 모자가 예쁘네요. 어디에서 샀어요? | 백화점 (デパート)
> 　　帽子がかわいいですね。どこで買いましたか。
>
> 　　나: 백화점에서 샀어요.
> 　　デパートで買いました。

(1) 무슨 음악을 들었어요? | 케이팝 (K-POP)
　　何の音楽を聴きましたか。

(2) 그 이야기를 누구한테 했어요? | 엄마 (母)
　　その話を誰にしましたか。

(3) 누구한테서 선물을 받았어요? | 친구들 (友人たち)
　　誰からプレゼントをもらいましたか。

※「-들 (〜たち)」：친구들 (友人たち), 학생들 (学生たち), 아이들 (子供たち) など

(4) 누구한테서 전화가 왔어요? | 할머니 (祖母)
　　誰から電話が来ましたか。

(5) 주말에 뭐 했어요? | 알바를 하다 (アルバイトをする)
　　週末に何をしましたか。

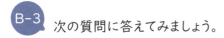 次の質問に答えてみましょう。

(1) 친구한테서 메일이 자주 와요?

(2) 오늘 몇 시에 일어났어요?

(3) 아침은 뭘 먹었어요?

第13課B 비빔밥이 맛있었어요.　197

B-4 音声を聞いて、誰から何を受け取ったか線で結んでみましょう。

(1) 미나　・　　　　・책

(2) 유진　・　　　　・케이크

(3) 선우　・　　　　・모자

(4) 여동생 ・　　　　・꽃

B-5 音声を聞いて、（　）の中を埋めてみましょう。

 오랜만이에요. (　　　　　　)?

 네, 좀 바빴지만 잘 지냈어요.
참, 지난주에 혼자서 전주에 (　　　　　).

 아! (　　　　　　).

 누구한테 들었어요?

 수빈이(　　　　) 들었어요. 전주는 어땠어요?

 비빔밥이 너무 (　　　　　).
한옥마을도 (　　　　　　).

PLUS ONE

名前の後につく「-이」

　パッチムで終わる名前の場合,会話では,名前と助詞の間に「이」を加えて使います。例えば,「수빈」を「수빈이는,수빈이가,수빈이를」などのように言います。

아까 역 앞에서 수빈**이**를 봤어요.
さっき駅の前でスビンを見ました。

내일 아영**이**도 같이 일본에 가요.
明日アヨンも一緒に日本に行きます。

그건 유이가 저한테 줬어요.
それはユイが私にくれました。

次の文を韓国語で話してみましょう。

(1) 私の友だちの정국は日本語が上手です。

(2) 昨日,지안が私に電話しました。

(3) どこで리사に会いましたか。

(4) 昨日は현우と一緒に韓国映画を見ました。

(5) 은별は勉強も運動もとても上手です。

(6) 해인をどこで見ましたか。

第13課B 비빔밥이 맛있었어요.　199

우리 집에 초대하고 싶어요.

 초대하고 **싶어요**. 招待したいです。

Point 1 -고 싶다　～したい

動詞の語幹につけて，希望や願望を表す。疑問文の場合は，最後に「?」をつけて語尾を上げて発音します。

基本形	語幹		-고 싶다	해요体
먹다 食べる	먹	⇒	먹고 싶다 食べたい	먹고 싶어요 食べたいです
가다 行く	가	⇒	가고 싶다 行きたい	가고 싶어요 行きたいです
살다 住む	살	⇒	살고 싶다 住みたい	살고 싶어요 住みたいです

次の文に「-고 싶어요」をつけて読んでみましょう。

基本形	-고 싶어요
(1) 요가를 배우다 ヨガを習う	
(2) 저기서 사진을 찍다 あそこで写真を撮る	
(3) 커피를 마시다 コーヒーを飲む	
(4) 점심을 먹다 昼食を食べる	
(5) 친구하고 놀다 友だちと遊ぶ	
(6) 여행을 가다 旅行に行く	

가고 싶지 않아요. 行きたくありません。

Point 2　-고 싶지 않다　〜したくない

「-고 싶다」の否定形です。疑問文の場合は，最後に「？」をつけて語尾を上げて発音します。

基本形	語幹		-고 싶지 않다	해요体
먹다 食べる	먹	⇒	먹고 싶지 않다 食べたくない	먹고 싶지 않아요 食べたくありません
가다 行く	가	⇒	가고 싶지 않다 行きたくない	가고 싶지 않아요 行きたくありません
살다 住む	살	⇒	살고 싶지 않다 住みたくない	살고 싶지 않아요 住みたくありません

次の文に「-고 싶지 않아요」をつけて読んでみましょう。

基本形	-고 싶지 않아요
(1) 일찍 일어나다 早く起きる	
(2) 수업을 듣다 授業を受ける	
(3) 알바에 가다 アルバイトに行く	
(4) 지금은 말하다 今は言う	
(5) 오늘은 만나다 今日は会う	
(6) 영화를 보다 映画を見る	

과제를 하고 청소도 해요. 課題をして掃除もします。

Point 3　-고　～して

用言の語幹につけて，並列や順序を表します。

基本形	語幹		例文
먹다 食べる	먹	⇒	밥도 먹고 차도 마셨어요. ごはんも食べてお茶も飲みました。
보다 見る	보	⇒	영화를 보고 식사를 하고 싶어요. 映画を見て食事をしたいです。

 次のように書いて読んでみましょう。

　　아침을 먹다 朝食を食べる　　｜ 커피를 마시다 コーヒーを飲む
➡ 아침을 먹고 커피를 마셔요. 朝食を食べてコーヒーを飲みます。

(1) 운동을 하다 運動をする　　｜ 샤워를 하다 シャワーをする
➡

(2) 유튜브를 보다 YouTubeを見る ｜ 잠을 자다 寝る
➡

(3) 음식이 싸다 食べ物が安い　　｜ 맛있다 おいしい
➡

(4) 운동도 잘하다 運動も上手だ　｜ 공부도 잘하다 勉強もできる
➡

(5) 저는 대학생이다 私は大学生だ ｜ 19살이다 19歳だ
➡

※「-이다」は，体言などの後について「～だ，～である」を表します。

練習　読む・書く

A-1 例のように書いて読んでみましょう。

例　손을 씻다 手を洗う	손을 씻고 싶었어요 手を洗いたかったです。	손을 씻고 싶지 않았어요 手を洗いたくありませんでした。
(1) 밖에서 놀다 外で遊ぶ		
(2) 여행하다 旅行する		
(3) 우유를 마시다 牛乳を飲む		
(4) 집에서 쉬다 家で休む		

 A-2 例のように書いて読んでみましょう。

> 例　주말에 알바를 하고 싶어요?　週末にアルバイトをしたいですか。
> → 아뇨, 주말에 알바를 하고 싶지 않아요.
> 　　いいえ, 週末にアルバイトをしたくありません。

(1) 혼자서 해외 여행을 하고 싶어요?　一人で海外旅行をしたいですか。

→ 네, _____ .

(2) 친구한테 비밀을 말하고 싶어요?　友だちに秘密を言いたいですか。

→ 아뇨, _____ .

(3) 방학에 한국에 가고 싶어요?　学校の休みに韓国に行きたいですか。

→ 네, _____ .

(4) 여기에서 사진을 찍고 싶어요?　ここで写真を撮りたいですか。

→ 아뇨, _____ .

第14課A　우리 집에 초대하고 싶어요.

A-3 次の文を日本語に訳してみましょう。

(1) 옷이 좀 비싸지만 사고 싶어요.

(2) 무슨 영화를 보고 싶었어요?

(3) 우리 언니는 회사원이고 도쿄에 살아요.

(4) 생일에 무슨 선물을 받고 싶어요?

(5) 주말에 영화도 보고 쇼핑도 했어요.

▶ 선물 プレゼント

A-4 次の文を韓国語に訳してみましょう。

(1) 手を洗ってごはんを食べます。

(2) その食堂は安くておいしいです。

(3) 今日は学校に行きたくありません。

(4) 夕食を食べて家でテレビを見ました。

(5) 友だちと何をしたいですか。

あいさつ（就寝時）

低	丁寧さ	高
잘 자.	안녕히 주무세요.	안녕히 주무십시오.
お休み。	お休みなさい。	

14B 우리 집에 초대하고 싶어요.

会話

수빈: 유이 씨, 내일 뭐 해요?

유이: 과제를 하고 청소도 해요.

수빈: 유이 씨를 우리 집에 초대하고 싶어요. 내일 올 수 있어요?

유이: 네, 좋아요. 저녁에는 갈 수 있어요.

수빈: 한국 요리 뭐 먹고 싶어요?

유이: 저는 다 잘 먹어요.

単語と表現

- ☐ 과제　課題
- ☐ 우리 집　私（うち）の家
- ☐ 올 수 있어요? [올쑤이써요]　来られますか
- ☐ 한국 요리 [한궁뇨리]　韓国料理
- ☐ 잘 먹어요　よく食べます
- ☐ 청소　掃除
- ☐ 초대하고 싶어요　招待したいです
- ☐ 저녁　夕方
- ☐ 먹고 싶어요? [먹꼬시퍼요]　食べたいですか

練習 　聞く・話す

B-1　イントネーションを意識しながら会話文を聞いてみましょう。

수빈　① 유이 씨, 내일 뭐 해요?

유이　② 과제를 하고 청소도 해요.

수빈　③ 유이 씨를 우리 집에 초대하고 싶어요.
　　　④ 내일 올 수 있어요?

유이　⑤ 네, 좋아요. 저녁에는 갈 수 있어요.

수빈　⑥ 한국 요리 뭐 먹고 싶어요?

유이　⑦ 저는 다 잘 먹어요.

スビン：① ユイさん，明日何をしますか。
ユイ　：② 課題をして，掃除もします。
スビン：③ ユイさんを私の家に招待したいです。
　　　　④ 明日，来られますか。
ユイ　：⑤ はい，いいですよ。夕方には行けます。
スビン：⑥ 韓国料理，何を食べたいですか。
ユイ　：⑦ 私は全部よく食べます。

B-2 例 のように会話練習をしてみましょう。

> 例 가: 어제 뭐 했어요? 昨日何をしましたか。
> (쓰레기를 버리다 ゴミを捨てる │ 청소하다 掃除する)
> 나: 쓰레기를 버리고 청소했어요. ゴミを捨てて掃除しました。

(1) 보통 저녁에 뭐 해요? 普段, 夕方, 何をしますか。
(저녁을 먹다 夕食を食べる │ 텔레비전을 보다 テレビを見る)

(2) 우리 내일은 뭐 할까요? 私たち明日は何をしましょうか。
(쇼핑을 하다 買い物をする │ 밥을 먹다 ごはんを食べる)

(3) 주말에 뭐 했어요? 週末に何をしましたか。
(영화를 보다 映画を見る │ 호텔에서 식사하다 ホテルで食事する)

(4) 방학에 뭐 하고 싶어요? 学校の休みに何をしたいですか。
(아르바이트도 하다 アルバイトもする │ 여행도 가다 旅行も行く)

(5) 점심에 뭐 먹고 싶어요? 昼食に何を食べたいですか。
(라면도 먹다 ラーメンも食べる │ 김밥도 먹다 キンパも食べる)

B-3 次の質問に, 「-고」を使って答えてみましょう。

(1) 주말에 뭐 했어요?

(2) 보통 저녁 먹고 뭐 해요?

(3) 방학에 뭐 하고 싶어요?

B-4 音声を聞いて、誰が何を食べたいか線で結んでみましょう。

> 진수: 리나 씨 뭐 먹고 싶어요? リナさん、何食べたいですか。
> 리나: 저는 삼계탕이 좋아요. 私はサムゲタンがいいです。
> 진수: 그럼 같이 삼계탕 먹어요. では一緒にサムゲタンを食べましょう。

例 리나 ――――― 삼계탕（サムゲタン）

(1) 에리코・　　　　・냉면（冷麺）

(2) 은영　 ・　　　　・김밥（キンパ）

(3) 메구미・　　　　・비빔밥（ビビンバ）

(4) 하루카・　　　　・설렁탕（ソルロンタン）

B-5 音声を聞いて、（　）の中を埋めてみましょう。

 유이 씨, 내일 뭐 해요?

 과제를 (　　　) 청소도 (　　　　).

 유이 씨를 우리 집에 초대 (　　　　　　).
내일 올 수 있어요?

 네, 좋아요. 저녁에는 (　　　　　　).

 한국 요리 뭐 (　　　　　　)?

 저는 다 잘 먹어요.

PLUS ONE

程度や頻度を表す副詞

다 ｜ 모두	정말 ｜ 진짜	많이	조금 ｜ 좀	잘
すべて，全部	本当に	たくさん	少し，ちょっと	よく
제일 ｜ 가장	너무 ｜ 아주	더	또 ｜ 다시	보통
いちばん，最も	とても，大変	もっと	また，再び	普段，普通
항상 ｜ 언제나	가끔	전혀	자주	거의
いつも	たまに，ときどき	全然	しょっちゅう，よく	ほとんど

次の文を日本語は韓国語に，韓国語は日本語に訳してみましょう。

(1) 私は果物の中でイチゴがいちばん好きです。

(2) いつも家から大学まで自転車に乗ります。

(3) キムチはしょっちゅう食べるけど，納豆はほとんど食べません。

(4) 한국음식은 다 잘 먹어요.

(5) 한국에 자주 갈 수 없지만 한국이 아주 좋아요.

(6) 요즘은 많이 바빠요. 시간이 전혀 없어요.

第14課B 우리 집에 초대하고 싶어요.　**209**

서울에 자주 오세요?

 서울에 자주 **오세요?** ソウルによく**来られますか**。

Point 1　尊敬　-세요/으세요

「-세요/으세요（～なさいます，お～になります）」は尊敬を表します。用言の語幹末にパッチムがない場合は「-세요」，パッチムがある場合は「-으세요」をつけます。疑問文の場合は，最後に「？」をつけて語尾を上げて発音します。

パッチム× -세요		パッチム○ -으세요	
가다 行く	가**세요** 行かれます	읽다 読む	읽**으세요** 読まれます
좋아하다 好きだ	좋아하**세요** お好きです	좋다 良い	좋**으세요** いいです，よろしいです

次のように書いて読んでみましょう。

パッチム×		パッチム○	
오다 来る	오세요? 来られますか。 오세요. 来られます。	입다 着る	입으세요? お召しになりますか。 입으세요. お召しになります。
(1) 잘하다 上手だ		(4) 웃다 笑う	
(2) 다니다 通う		(5) 앉다 座る	
(3) 바쁘다 忙しい		(6) 많다 多い	

진짜 맛있겠다. 本当においしそう。

Point 2　推測・意志・婉曲　-겠-

用言の語幹につけて，話し手の推測や意志，婉曲の意味を表します。

語幹 + 겠

	基本形	-겠어요	-겠습니다	
推測	힘들다 大変だ 맛있다 おいしい	힘들겠어요 맛있겠어요	힘들겠습니다 맛있겠습니다	大変そうです おいしそうです
意志	하다 する 늦지 않다 遅れない	제가 하겠어요 늦지 않겠어요	제가 하겠습니다 늦지 않겠습니다	私がします 遅れません
婉曲	알다 分かる 먹다 食べる	알겠어요 잘 먹겠어요	알겠습니다 잘 먹겠습니다	分かりました いただきます

次のように書いて読んでみましょう。

저는 비빔밥을 먹다 私はビビンバを食べる	저는 비빔밥을 먹겠어요. 私はビビンバを食べます。	저는 비빔밥을 먹겠습니다. 私はビビンバを食べます。
(1) 감기에 걸리다 風邪を引く		
(2) 드라마가 재미있다 ドラマが面白い		
(3) 여기에서 기다리다 ここで待つ		
(4) 잘 모르다 よく分からない		

第15課A　서울에 자주 오세요?

조금 매워요. 少し辛いです。

Point 3　ㅂ不規則用言の活用

「맵다，쉽다」など，語幹が「ㅂ」で終わる用言のうち，不規則活用するものを「ㅂ不規則用言」といいます。後ろに母音が来ると「ㅂ」を「우」に変えて「어」をつけます。

基本形	語幹		-고	-아요/어요		-았어요/었어요
맵다 辛い	맵	⇒	맵고 辛くて	매우+어요	⇒ 매워요 辛いです	매웠어요 辛かったです
쉽다 易しい	쉽	⇒	쉽고 易しくて	쉬우+어요	⇒ 쉬워요 易しいです	쉬웠어요 易しかったです
고맙다 ありがたい	고맙	⇒	고맙고 ありがたくて	고마우+어요	⇒ 고마워요 ありがたいです	고마웠어요 ありがたかったです

※「돕다 (手伝う)」は，例外的に「도와요，도왔어요」になります。
※「좁다 (狭い)，입다 (着る)，씹다 (噛む)，잡다 (つかまえる)」などは，規則活用 (좁아요，입어요，씹어요，잡아요) をします。

次の語に「-아요/어요」をつけて読んでみましょう。

基本形	해요体	基本形	해요体
(1) 가볍다 軽い		(5) 귀엽다 かわいい	
(2) 어렵다 難しい		(6) 가깝다 近い	
(3) 반갑다 (会えて)うれしい		(7) 덥다 暑い	
(4) 어둡다 暗い		(8) 춥다 寒い	

練習　読む・書く

A-1 正しい文に○をつけて読んでみましょう。

(1) 어머니는 부엌에서 요리하세요.　(　)

(2) 할아버지는 지금 신문을 읽으세요.　(　)

(3) 동생은 토요일에 한국에 가세요.　(　)

(4) 선생님은 한국어를 가르치세요.　(　)

(5) 저는 한국 음식을 좋아하세요.　(　)

A-2 例のように書いて読んでみましょう。

例 방에서 쉬다　部屋で休む	방에서 쉬세요. 部屋で休んでいらっしゃいます。
(1) 공항에서 일하다　空港で働く	
(2) 요즘 바쁘다　最近忙しい	
(3) 자주 오다　しょっちゅう来る	
(4) 잘 웃다　よく笑う	
(5) 책을 읽다　本を読む	

第15課A　서울에 자주 오세요?

A-3 次の文を日本語に訳してみましょう。

(1) 오늘은 춥고 눈이 와요.

(2) 이 가방은 가볍고 예뻐요.

(3) 아버지가 골프를 좋아하세요?

(4) 이거 정말 맛있겠어요.

(5) 오늘은 집에 일찍 가겠어요.

▶ 눈 雪

A-4 次の文を韓国語に訳してみましょう。

(1) 先生は今何をなさっていますか。

(2) 父はテレビを見ていらっしゃいます。

(3) 韓国語は易しくて面白いです。

(4) それはよくわかりません。

(5) とても寒そうです。

あいさつ(起床時)

低	丁寧さ	高
잘 잤어?	안녕히 주무셨어요?	안녕히 주무셨습니까?
よく寝た?	よく寝られましたか。	

チンチャ やさしい 韓国語

15B 서울에 자주 오세요?

会話

수빈: 어서 오세요. 여기 앉아요.

유이: 와! 진짜 맛있겠다. 이거 다 수빈 씨가 만들었어요?

수빈: 네, 물론이죠.
아, 김치는 항상 어머니가 가져오세요.

유이: 어머니는 부산에 계시죠? 서울에 자주 오세요?

수빈: 네, 가끔 오세요. 근데 음식 맛이 어때요?

유이: 아주 맛있어요. 하지만 김치는 조금 매워요.

単語と表現

- 어서 오세요 いらっしゃいませ
- 진짜 本当に
- 만들었어요? 作りましたか
- 항상 いつも
- 계시죠? いらっしゃるでしょう
- 오세요? 来られますか
- 하지만 しかし
- 여기 ここ
- 맛있겠다 [마싣껟따] おいしそう
- 물론이죠 勿論です
- 어머니 お母さん
- 서울 ソウル
- 가끔 たまに
- 조금 少し、縮約形は좀
- 앉아요 座ってください
- 이거 これ、이것の縮約形
- 김치 キムチ
- 가져오세요 もって来られます
- 자주 しょっちゅう、よく
- 맛 味
- 매워요 辛いです

第15課B 서울에 자주 오세요? 215

| 練習 | **聞く・話す** |

B-1　イントネーションを意識しながら会話文を聞いてみましょう。

수빈　① 어서 오세요. 여기 앉아요.

유이　② 와! 진짜 맛있겠다.
　　　③ 이거 다 수빈 씨가 만들었어요?

수빈　④ 네, 물론이죠.
　　　⑤ 아, 김치는 항상 어머니가 가져오세요.

유이　⑥ 어머니는 부산에 계시죠? 서울에 자주 오세요?

수빈　⑦ 네, 가끔 오세요. 근데 음식 맛이 어때요?

유이　⑧ 아주 맛있어요. 하지만 김치는 조금 매워요.

スビン：① いらっしゃい。ここに座ってください。
ユイ　：② わぁ! 本当においしそう。
　　　　③ これ全部スビンさんが作りましたか。
スビン：④ はい，勿論です。
　　　　⑤ あ，キムチはいつも母が持って来てくださいます。
ユイ　：⑥ お母さんは釜山にいらっしゃるでしょう。ソウルによく来られますか。
スビン：⑦ はい，たまに来られます。ところで，料理の味はどうですか。
ユイ　：⑧ とてもおいしいです。しかし，キムチは少し辛いです。

B-2　例のように会話練習をしてみましょう。

> 例　가: 순두부찌개가 어때요? ｜ 맛있지만 조금 맵다
> 　　　スンドゥブチゲはどうですか。　（おいしいけど, 少し辛い）
>
> 　　나: 맛있지만 조금 매워요.
> 　　　おいしいけど, 少し辛いです。

(1) 가방이 무거워요?　　　　　　｜　아뇨, 가볍다
　　カバンが重いですか。　　　　　　（いいえ, 軽い）

(2) 집에서 학교가 멀어요?　　　　｜　아뇨, 가깝다
　　家から学校が遠いですか。　　　　（いいえ, 近い）

(3) 이 방이 좋아요?　　　　　　　｜　아뇨, 방이 너무 어둡다
　　この部屋がいいですか。　　　　　（いいえ, 部屋がとても暗い）

(4) 한국어가 어때요?　　　　　　｜　재미있지만 발음이 조금 어렵다
　　韓国語はどうですか。　　　　　　（面白いけど, 発音が少し難しい）

(5) 오늘 날씨가 어때요?　　　　　｜　비도 오고 춥다
　　今日の天気はどうですか。　　　　（雨も降るし, 寒い）

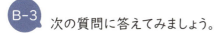 次の質問に答えてみましょう。

(1) 주말에 보통 뭐 하세요?

(2) 무슨 요리를 좋아하세요?

(3) 일주일에 몇 번 학교에 오세요?

B-4 音声を聞いて，内容と一致すれば○，一致しなければ×を記入してみましょう。 (15B-4)

(1) 지우 할머니는 텔레비전을 안 봐요.　（　　）

(2) 지우 아버지는 책을 자주 읽어요.　（　　）

(3) 지우 어머니는 영어를 가르쳐요.　（　　）

(4) 지우 여동생은 고등학생이에요.　（　　）

B-5 音声を聞いて，（　）の中を埋めてみましょう。 (15B-1)

어서 오세요. 여기 앉아요.

와! 진짜 (　　　　　　　　).
이거 다 수빈 씨가 만들었어요?

네, 물론이죠.
아, 김치는 항상 어머니가 (　　　　　　　　).

어머니는 부산에 계시죠? 서울에 자주 (　　　　)?

네, 가끔 (　　　　). 근데 음식 맛이 어때요?

아주 맛있어요. 하지만 김치는 조금 (　　　　).

チンチャ やさしい 韓国語

PLUS ONE

特殊な尊敬形

日本語の「召し上がる」や「いらっしゃる」などと同様に，韓国語にも特殊な尊敬形があります。

基本形	尊敬形	해요体
있다 いる	계시다 いらっしゃる	계세요 いらっしゃいます
없다 いない	안 계시다 いらっしゃらない	안 계세요 いらっしゃいません
자다 寝る	주무시다 お休みになる	주무세요 お休みになります
먹다 食べる	드시다 召し上がる	드세요 召し上がります
마시다 飲む		
말하다 言う	말씀하시다 おっしゃる	말씀하세요 おっしゃいます

할머니가 방에서 주무세요. おばあさんが部屋でお休みになっています。

할아버지는 어디에 계세요? おじいさんはどこにいらっしゃいますか。

아버지가 커피를 드세요. お父さんがコーヒーを飲んでいらっしゃいます。

次の文を韓国語で話してみましょう。

(1) 今，先生は教室にいらっしゃいません。

(2) たくさん召し上がってください。

(3) おじいさんはどこでお休みになっていますか。

(4) 朝，コーヒーを飲まれますか。

第15課B 서울에 자주 오세요?

16A 오늘은 못 가요.

오늘은 **못** 가요. 今日は行くことができません。

Point 1 　못-　～できない

動詞の前につけて不可能の意味を表します。「名詞＋하다」の場合は，「하다」の前に「못」をおきます。疑問文の場合は，最後に「？」をつけて語尾を上げて発音します。

못 ＋ 動詞

基本形	못	해요体
가다　行く	**못** 가다　行けない	**못** 가요　行けません
먹다　食べる	**못** 먹다　食べられない	**못** 먹어요　食べられません

※ 못 먹어요の発音は [몬머거요]

名詞 ＋ 못 ＋ 하다

| 식사하다　食事する | 식사 **못** 하다　食事できない | 식사 **못** 해요　食事できません |

※ 못 해요の発音は [모태요]

 次のように書いて読んでみましょう。

먹다 食べる	못 먹어요? 못 먹어요.	쇼핑하다 買い物する	쇼핑 못 해요? 쇼핑 못 해요.
(1) 들어가다 入る		(4) 연습하다 練習する	
(2) 일어나다 起きる		(5) 주문하다 注文する	
(3) 내다 出す		(6) 이야기하다 話す	

220　チンチャ やさしい 韓国語

저는 가지 못해요. 私は行くことができません。

Point 2   -지 못하다   ~できない

　動詞の語幹に「-지 못하다」をつけて不可能表現を作ることもできます。疑問文の場合は，最後に「？」をつけて語尾を上げて発音します。

語幹 + 지 못하다

基本形	-지 못하다	해요体
가다 行く	가지 못하다 行けない	가지 못해요 行けません
먹다 食べる	먹지 못하다 食べられない	먹지 못해요 食べられません
식사하다 食事する	식사하지 못하다 食事できない	식사하지 못해요 食事できません

次のように書いて読んでみましょう。

먹다 食べる	먹지 못해요? 먹지 못해요.	가다 行く	가지 못해요? 가지 못해요.
(1) 나가다 出る		(4) 기다리다 待つ	
(2) 만나다 会う		(5) 말하다 言う	
(3) 읽다 読む		(6) 청소하다 掃除する	

第16課A　오늘은 못 가요.

아르바이트가 있거든요. アルバイトがあるんですよ。

Point 3　-거든요　～んです，～からです

用言の語幹につけて，理由や根拠などを表します。

語幹 + 거든요

基本形	語幹		-거든요
가다 行く	가	⇒	가거든요 行くからです
비싸다 高い	비싸	⇒	비싸거든요 高いからです
좋아하다 好きだ	좋아하	⇒	좋아하거든요 好きだからです

※ -거든요の発音は [-거든뇨]

 次のように書いて読んでみましょう。

오늘은 알바가 있다 今日はアルバイトがある	오늘은 알바가 있거든요. 今日はアルバイトがあるんです。
(1) 영화를 안 좋아하다 　　映画が好きではない	
(2) 문제가 너무 어렵다 　　問題がとても難しい	
(3) 배가 고프다 　　お腹が空いている	
(4) 매운 음식은 못 먹다 　　辛い食べ物は食べられない	
(5) 저하고 수업이 같다 　　私と授業が同じだ	

練習　読む・書く

A-1 例のように書いて読んでみましょう。

例 여행을 가다 旅行に行く	여행을 못 가요. 旅行に行けません。	여행을 가지 못해요. 旅行に行けません。
(1) 전부 먹다 全部食べる		
(2) 커피를 마시다 コーヒーを飲む		
(3) 지금 내리다 今降りる		
(4) 혼자서 한복을 입다 一人で韓服を着る		
(5) 숙제하다 宿題する		

 A-2 例のように書いて読んでみましょう。

> 例　학교에 안 가다（学校に行かない） | 오늘은 수업이 없다（今日は授業がない）
> 　　가: 왜 학교에 안 가요?　なぜ学校に行かないのですか。
> 　　나: 오늘은 수업이 없거든요.　今日は授業がないんですよ。

(1) 저녁을 안 먹다（夕飯を食べない） | 다이어트를 하다（ダイエットをする）

(2) 도서관에 안 가다（図書館に行かない） | 오후에 알바가 있다（午後, アルバイトがある）

(3) 못 오다（来られない） | 숙제가 많다（宿題が多い）

第16課A　오늘은 못 가요.　223

A-3 次の文を日本語に訳してみましょう。

(1) 매운 음식은 못 먹어요.

(2) 진짜 한글을 못 읽어요?

(3) 저는 술을 마시지 못해요.

(4) 도서관에 가요. 내일 시험이 있거든요.

(5) 오늘은 못 만나요. 좀 바쁘거든요.

A-4 次の文を韓国語に訳してみましょう。

(1) 旅行は一人で行けません。

(2) 朝早く起きられません。

(3) 今日はアルバイトができません。

(4) 全部は食べられないですよ。

(5) コーヒーがとても好きなんですよ。

あいさつ（ねぎらい）

低	丁寧さ	高
수고해.	수고하세요.	수고하십시오.
お疲れ様。	お疲れ様です。	

16B 오늘은 못 가요.

会話

유이
오늘 백화점에 같이 갈 수 있어요?

오늘은 못 가요. 아르바이트가 있거든요.
수빈

유이
내일은요? 내일도 알바 있어요?

아뇨, 내일은 괜찮아요. 근데 백화점에는 왜요?
수빈

유이
이번 주 토요일이 언니 생일이거든요.
그래서 언니한테 선물을 보내고 싶어요.

네, 알겠습니다. 그럼 내일 같이 가요.
수빈

単語と表現

- 백화점 [배콰점]　デパート, 百貨店
- 아르바이트　アルバイト, 縮約形은 알바
- 내일은요? [내이른뇨]　明日は(どうですか)
- 생일이거든요 [생이리거든뇨]　誕生日なんです
- 보내고 싶어요　送りたいです
- 못 가요 [몯까요]　行けません
- 있거든요 [읻꺼든뇨]　あるんです
- 왜요?　なぜ(どうして)ですか
- 선물　プレゼント
- 알겠습니다 [알겓씀니다]　分かりました

第16課B　오늘은 못 가요.　225

| 練習 | 聞く・話す |

 イントネーションを意識しながら会話文を聞いてみましょう。

 ① 오늘 백화점에 같이 갈 수 있어요?

 ② 오늘은 못 가요. 아르바이트가 있거든요.

 ③ 내일은요? 내일도 알바 있어요?

 ④ 아뇨, 내일은 괜찮아요. 근데 백화점에는 왜요?

 ⑤ 이번 주 토요일이 언니 생일이거든요.

 ⑥ 그래서 언니한테 선물을 보내고 싶어요.

 ⑦ 네, 알겠습니다. 그럼 내일 같이 가요.

ユイ　：① 今日，デパートへ一緒に行けますか。
スビン：② 今日は行けません。アルバイトがあるんですよ。
ユイ　：③ 明日はどうですか。明日もアルバイトがありますか。
スビン：④ いいえ，明日は大丈夫です。ところで，デパートにはどうしてですか。
ユイ　：⑤ 今週の土曜日が姉の誕生日なんです。
　　　　⑥ それで姉にプレゼントを送りたいです。
スビン：⑦ はい，分かりました。では，明日，一緒に行きましょう。

B-2 例 のように会話練習をしてみましょう。

> 例　가: 왜 같이 영화를 못 봐요?　なぜ一緒に映画を見られないんですか。
> 　　　나: 아르바이트가 있거든요.　アルバイトがあるからです。

(1) 가: 왜 내일까지 숙제 못 해요?　なぜ明日まで宿題できないのですか。
　　나: _____ 거든요.

(2) 가: 왜 한국에 같이 가지 못해요?　なぜ韓国に一緒に行けないのですか。
　　나: _____ 거든요.

(3) 가: 왜 김치를 못 먹어요?　なぜキムチを食べられないんですか。
　　나: _____ 거든요.

(4) 가: 왜 옷을 사지 못해요?　なぜ服を買えないんですか。
　　나: _____ 거든요.

B-3 次の質問に答えてみましょう。

(1) 한국어 신문을 읽지 못해요?

(2) 한국 드라마를 자막 없이 못 봐요?

(3) 왜 한국어를 공부해요?
　　_____ 거든요.

▶ 자막 없이　字幕なしで

B-4 音声を聞いて，内容と一致すれば〇，一致しなければ×を記入してみましょう。 (16B-4)

(1) 선우는 아침에 일찍 일어나요.　　　　（　　）

(2) 서준은 피아노를 못 쳐요.　　　　（　　）

(3) 미나는 운전을 좋아해요.　　　　（　　）

(4) 에미코는 혼자서 여행을 자주 가요.　（　　）

B-5 音声を聞いて，（ ）の中を埋めてみましょう。 (16B-1)

오늘 백화점에 같이 (　　　　　　　　　)?

오늘은 (　　　　　　). 아르바이트가 있거든요.

(　　　　　　　)? 내일도 알바 있어요?

아뇨, 내일은 괜찮아요. 근데 백화점에는 왜요?

이번 주 토요일이 언니 생일(　　　　　). 그래서 언니한테 선물을 보내고 싶어요.

네, 알겠습니다. 그럼 내일 (　　　　　　).

チンチャ やさしい 韓国語

PLUS ONE

「못+動詞」の発音

못＋ㄱ・ㄷ・ㅂ・ㅅ・ㅈ	⇒	못 가요　[몯까요]	行けません	濃音化
못＋ㄴ・ㅁ	⇒	못 놀아요 [몬노라요]	遊べません	鼻音化
		못 마셔요 [몬마셔요]	飲めません	
못＋이・여	⇒	못 읽어요 [몬닐거요]	読めません	ㄴの挿入による鼻音化
		못 열어요 [몬녀려요]	開けません	
못＋ㅎ	⇒	못 해요　[모태요]	できません	激音化
못＋아・어・오・우	⇒	못 앉아요 [모단자요]	座れません	終声の初声化
		못 얻어요 [모더더요]	得られません	
		못 와요　[모돠요]	来られません	
		못 울어요 [모두러요]	泣けません	

※発音の変化については付録参照

次の文を発音通り読んでみましょう。

(1) 못 만나요. [몬만나요]　会えません。

(2) 못 잤어요. [몯짜써요]　寝られませんでした。

(3) 못 잊어요. [몬니저요]　忘れられません。

(4) 숙제 못 했어요. [숙쩨모태써요]　宿題できませんでした。

第16課B　오늘은 못 가요.　229

付録

発音規則

(1) 1つのパッチムの発音

パッチムとして使われる子音字はさまざまですが，発音は次の7つだけです。

表記	発音	例
ㄱ ㅋ ㄲ	ㄱ	국[국] スープ　부엌[부억] 台所　밖[박] 外
ㄷ ㅌ ㅅ ㅆ ㅈ ㅊ ㅎ	ㄷ	곧[곧] すぐ　끝[끋] 終わり 옷[옫] 服　있다[읻따] ある，いる 낮[낟] 昼　꽃[꼳] 花 히읗[히읃] ㅎの名前
ㅂ ㅍ	ㅂ	밥[밥] ごはん　옆[엽] 横
ㄴ	ㄴ	손[손] 手
ㄹ	ㄹ	돌[돌] 石
ㅁ	ㅁ	몸[몸] 体
ㅇ	ㅇ	방[방] 部屋

(2) 2つのパッチムの発音

① 左の字母を発音するもの

表記	発音	例
ㄳ	ㄱ	몫[목] 分け前
ㄵ ㄶ	ㄴ	앉다[안따] 座る　많다[만타] 多い
ㄼ ㄾ ㄽ ㄿ	ㄹ	넓다[널따] 広い　잃다[일타] 失う 외곬[외골] 一途　핥다[할타] 舐める
ㅄ	ㅂ	값[갑] 値段

※ 基本的にはハングルの子音の順番，「ㄱ，ㄴ，ㄷ，ㄹ，ㅁ，ㅂ，ㅅ，ㅇ，ㅈ，ㅊ，ㅋ，ㅌ，ㅍ，ㅎ」で早い方を読みます。

※ ただし，ㄼには밟다 [밥따] のように不規則的なものもあります。

チンチャ やさしい 韓国語

② 右の字母を発音するもの

表記	発音	例
ㄺ	ㄱ	닭[닥] 鶏　읽다[익따] 読む
ㄻ	ㅁ	삶[삼] 人生
ㄿ	ㅂ	읊다[읍따] 詠む

※ただし，ㄺには읽고 [일꼬]（ㄱから始まる語尾が付く場合）のように不規則的なもの
もあります。

(3) 連音化

① パッチムの後にㅇから始まる文字が来ると，ㅇの代わりに前の文字のパッチム
が発音されます。

例 발음[바름]発音　　　　　눈이[누니]目が

　　있어요[이써요]あります，います

※ただし，パッチムㅇの場合は，連音化せずに発音します。

例 고양이[고양이]猫

② 2つのパッチムの発音：右のパッチムが連音化します。

例 읽어요[일거요]読みます　　　앉아요[안자요]座ります

(4) ㅎ弱化

① パッチムㄴ，ㅁ，ㅇ，ㄹあるいは母音の後に初声ㅎが来ると，初声ㅎは発音せず
連音化します。ただし，ㅎの音が聞こえるように発音しても構いません。

例 전화[저놔]電話　　　　　만화[마놔]漫画

　　결혼[겨론]結婚　　　　　지하철[지아철]地下鉄

② ㅎパッチムの後に初声ㅇが来ると，ㅎは連音化せずに脱落します。

例 좋아요[조아요]いいです　　　낳아요[나아요]生みます

　　괜찮아요[괜찬아요→괜차나요]大丈夫です

発音規則 **233**

(5) 濃音化

パッチムㄱ[k], ㄷ[ᵗ], ㅂ[ᵖ] の後にㄱ, ㄷ, ㅂ, ㅅ, ㅈが来ると，それぞれ濃音 [ㄲ, ㄸ, ㅃ, ㅆ, ㅉ] で発音されます。

パッチム	初声字母	初声	例
ㄱ (ㅋ ㄲ ㄺ ㄳ)	ㄱ	ㄲ	학교[학꾜]学校 숟가락[숟까락]スプーン
ㄷ (ㅌ ㅅ ㅆ ㅈ ㅊ)	ㄷ	ㄸ	속도[속또]速度 받다[받따]もらう
ㅂ (ㅍ ㅄ ㄲ ㅃ)	ㅂ	ㅃ	학번[학뻔]学籍番号 식비[식삐]食費
	ㅅ	ㅆ	학생[학쌩]学生 독서[독써]読書
	ㅈ	ㅉ	숙제[숙쩨]宿題 잡지[잡찌]雑誌

(6) 鼻音化

パッチムㄱ[k], ㄷ[ᵗ], ㅂ[ᵖ] の後に鼻音ㄴ, ㅁが来ると，終声はそれぞれ [ㅇ, ㄴ, ㅁ] で発音されます。

パッチム	初声字母	終声	初声	例
ㄱ (ㅋ ㄲ)	ㄴ ㅁ	ㅇ	ㄴ ㅁ	학년[항년]学年 한국말[한궁말]韓国語
ㄷ (ㅌ ㅅ ㅆ ㅈ ㅊ ㅎ)		ㄴ	ㄴ ㅁ	옛날[옌날]昔 거짓말[거진말]嘘
ㅂ (ㅍ)		ㅁ	ㄴ ㅁ	입문[임문]入門 합니다[함니다]します

(7) 激音化

　パッチムㄱ[k], ㄷ[t], ㅂ[p] の後にㅎが来る場合やパッチムㅎの後にㄱ, ㄷ, ㅈが来る場合，初声はそれぞれ［ㅋ, ㅌ, ㅍ, ㅊ］で発音されます。

(8) 流音化

　パッチムㄴの後に初声ㄹが来る場合やパッチムㄹの後に初声ㄴが来る場合，それぞれのㄴは［ㄹ］で発音されます。

(9) ㄴ添加

単語と単語が結びつく場合，パッチムで終わる単語の後に야，여，요，유，이，예，얘で始まる単語が来ると，ㄴが添加されそれぞれ [냐, 녀, 뇨, 뉴, 니, 녜, 냬] で発音されます。

例 서울역[서울녁 → 서울력] ソウル駅
　　외국 여행[외국녀행 → 외궁녀행] 外国旅行
　　일본 요리[일본뇨리] 日本料理
　　무슨 요일[무슨뇨일] 何曜日
　　꽃잎[꼰닙] 花びら
　　못 읽어요[몬닐거요] 読めません

(10) 口蓋音化

パッチム ㄷ，ㅌ の後に 이 が続く場合，[지, 치] と発音されます。

パッチム				例
ㄷ	+ 이 ⇒	지	맏이[마지] 長子
ㅌ		치	같이[가치] 一緒に

(11) 終声の初声化

パッチムで終わる語の後に母音で始まる体言や用言が続く場合，パッチムが単独で発音された場合の終声の音がそのまま初声として発音されます。

例 꽃 위[꼳위 → 꼬뒤] 花の上
　　부엌 안[부억안 → 부어간] 台所の中
　　첫인상[첟인상 → 처딘상] 第一印象
　　못 와요[몯와요 → 모돠요] 来られません
　　맛없어요[맏없어요 → 마덥써요] おいしくありません

用言の活用形

ㄹ語幹用言の活用形

語幹がㄹパッチムで終わる用言を「ㄹ語幹用言」といいます。

基本形	해요体 -아/어요	並列 順序 -고	否定 -지 않아요	尊敬 -세요/으세요	勧誘 -ㄹ/을까요?	합니다体 -ㅂ/습니다 -ㅂ/습니까?
살다 住む	살아요 住みます	살고 住んで	살지 않아요 住みません	사세요 住んでいらっしゃいます	살까요? 住みましょうか	삽니다 住みます 삽니까? 住みますか
만들다 作る	만들어요 作ります	만들고 作って	만들지 않아요 作りません	만드세요 お作りになります	만들까요? 作りましょうか	만듭니다 作ります 만듭니까? 作りますか
놀다 遊ぶ	놀아요 遊びます	놀고 遊んで	놀지 않아요 遊びません	노세요 遊んでいらっしゃいます	놀까요? 遊びましょうか	놉니다 遊びます 놉니까? 遊びますか

으語幹用言の活用形

語幹の母音が一で終わる用言を「으語幹用言」といいます。

基本形	해요体 -아/어요	並列 順序 -고	否定 -지 않아요	尊敬 -세요/으세요?	勧誘 -ㄹ/을까요?	합니다体 -ㅂ/습니다 -ㅂ/습니까?
바쁘다 忙しい	바빠요 忙しいです	바쁘고 忙しくて	바쁘지 않아요 忙しくありません	바쁘세요? お忙しいですか		바쁩니다 忙しいです 바쁩니까? 忙しいですか
슬프다 悲しい	슬퍼요 悲しいです	슬프고 悲しくて	슬프지 않아요 悲しくありません	슬프세요? 悲しいですか		슬픕니다 悲しいです 슬픕니까? 悲しいですか
크다 大きい	커요 大きいです	크고 大きくて	크지 않아요 大きくありません	크세요? 大きいですか		큽니다 大きいです 큽니까? 大きいですか

ㄷ語幹用言の活用形

語幹がㄷパッチムで終わる用言を「ㄷ語幹用言」といいます。

＜不規則活用＞

基本形	해요체	並列順序	否定	尊敬	勧誘	합니다体
	-아/어요	-고	-지 않아요	-세요/으세요	-ㄹ/을까요?	-ㅂ/습니다 -ㅂ/습니까?
듣다 聞く	들어요 聞きます	듣고 聞いて	듣지 않아요 聞きません	들으세요 お聞きになります	들을까요? 聞きましょうか	듣습니다 聞きます 듣습니까? 聞きますか
걷다 歩く	걸어요 歩きます	걷고 歩いて	걷지 않아요 歩きません	걸으세요 お歩きになります	걸을까요? 歩きましょうか	걷습니다 歩きます 걷습니까? 歩きますか
묻다 尋ねる	물어요 尋ねます	묻고 尋ねて	묻지 않아요 尋ねません	물으세요 お尋ねになります	물을까요? 尋ねましょうか	묻습니다 尋ねます 묻습니까? 尋ねますか

＜規則活用＞

基本形	해요체	並列順序	否定	尊敬	勧誘	합니다体
	-아/어요	-고	-지 않아요	-세요/으세요	-ㄹ/을까요?	-ㅂ/습니다 -ㅂ/습니까?
받다 受け取る	받아요 受け取ります	받고 受け取って	받지 않아요 受け取りません	받으세요 お受け取りになります	받을까요? 受け取りましょうか	받습니다 受け取ります 받습니까? 受け取りますか
닫다 閉める	닫아요 閉めます	닫고 閉めて	닫지 않아요 閉めません	닫으세요 お閉めになります	닫을까요? 閉めましょうか	닫습니다 閉めます 닫습니까? 閉めますか
믿다 信じる	믿어요 信じます	믿고 信じて	믿지 않아요 信じません	믿으세요 信じていらっしゃいます	믿을까요? 信じましょうか	믿습니다 信じます 믿습니까? 信じますか

チンチャ やさしい 韓国語

ㅂ語幹用言の活用形

語幹がㅂパッチムで終わる用言を「ㅂ語幹用言」といいます。

＜不規則活用＞

基本形	해요体	並列順序	否定	尊敬	勧誘	합니다体
	-아/어요	-고	-지 않아요	-세요/으세요?	-ㄹ/을까요?	-ㅂ/습니다 -ㅂ/습니까?
맵다 辛い	매워요 辛いです	맵고 辛くて	맵지 않아요 辛くありません	매우세요? お辛いですか		맵습니다 辛いです 맵습니까? 辛いですか
덥다 暑い	더워요 暑いです	덥고 暑くて	덥지 않아요 暑くありません	더우세요? お暑いですか		덥습니다 暑いです 덥습니까? 暑いですか
어렵다 難しい	어려워요 難しいです	어렵고 難しくて	어렵지 않아요 難しくありません	어려우세요? 難しいですか		어렵습니다 難しいです 어렵습니까? 難しいですか

＜規則活用＞

基本形	해요体	並列順序	否定	尊敬	勧誘	합니다体
	-아/어요	-고	-지 않아요	-세요/으세요?	-ㄹ/을까요?	-ㅂ/습니다 -ㅂ/습니까?
좁다 狭い	좁아요 狭いです	좁고 狭くて	좁지 않아요 狭くありません	좁으세요? 狭いですか		좁습니다 狭いです 좁습니까? 狭いですか
입다 着る	입어요 着ます	입고 着て	입지 않아요 着ません	입으세요? お召しになりますか	입을까요? 着ましょうか	입습니다 着ます 입습니까? 着ますか
씹다 噛む	씹어요 噛みます	씹고 噛んで	씹지 않아요 噛みません	씹으세요? 噛まれますか	씹을까요? 噛みましょうか	씹습니다 噛みます 씹습니까? 噛みますか

用言の活用形 **239**

語彙リスト

韓国語	日本語
ABC	
KTX	高速鉄道

ㄱ	
-가	～が
가구	家具
가깝다	近い
가끔	たまに
가나가와	神奈川
가다	行く
가르치다	教える
가방	カバン
가볍다	軽い
가수	歌手
가스	ガス
가을	秋
가장	いちばん，最も
가져오다	持ってくる
가족	家族
가족사진	家族写真
간단	簡単
감	柿
감기	風邪
감기에 걸리다	風邪を引く
강아지	子犬
같다	同じだ
같이	一緒に
개	犬
개	個
거기	そこ
거의	ほとんど
거짓말	うそ

건물	建物
걷다	歩く
걸리다	かかる
걸리다	（風邪を）引く
게	カニ
게임	ゲーム
게임하다	ゲームする
-겠-	推測・意志・婉曲
겨울	冬
계시다	いらっしゃる
고기	肉
고등학교	高校
고등학생	高校生
고맙다	ありがたい
고바야시	小林
고속도로	高速道路
고양이	猫
고프다	空腹だ
고향	故郷
골프	ゴルフ
곰	熊
공	0
공무원	公務員
공부	勉強
공부하다	勉強する
공원	公園
공포 영화	ホラー映画
공항	空港
-과	～と
과일	果物
과자	お菓子
과제	課題
괜찮다	大丈夫だ

교과서	教科書
교사	教師
교시	～時限
교실	教室
교토	京都
구	9
구두	靴
구월	9月
국밥	クッパ
권	冊
귀	耳
귀엽다	かわいい
귤	ミカン
그	その
그거	それ
그것	それ
그래도	それでも
그런데	ところが，縮約形は근데
그럼	それでは，じゃあ
그리고	そして
근데	ところで，그런데の縮約形
금요일	金曜日
금은	金銀
기구	器具
기다리다	待つ
기모노	着物
기분	気分，気持ち
기쁘다	嬉しい
기숙사	寮，寄宿舎
기후	岐阜
김밥	キンパ
김치	キムチ

チンチャ やさしい 韓国語

김치찌개	キムチチゲ	농구	バスケットボール	도서관	図書館
-까지	～まで	놓다	置く	도시	都市
깨끗하다	きれいだ，清潔だ	누가	誰が	도시락	お弁当
꼬리	しっぽ	누구	誰	도쿄	東京
꼭	必ず	누나	(弟から見た)姉	독서	読書
꽃	花	눈	雪	독일	ドイツ
꽤	かなり	뉴스	ニュース	독일어	ドイツ語
끄다	消す	뉴욕	ニューヨーク	돈	お金
끝나다	終わる	-는	～は	돕다	手伝う
		늦다	遅い	동생	弟・妹
		늦다	遅れる	동아리	サークル

ㄴ

				동아리방	部室
나가노	長野			되다	なる
나가다	出る，出て行く	## ㄷ		두부	豆腐
나고야	名古屋	다	全部，すべて	둘	2
나라	奈良	다나카	田中	뒤	後ろ
나쁘다	悪い	다니다	通う	드라마	ドラマ
날씨	天気	다섯	5	드라이브	ドライブ
남동생	弟	다시	再び	드시다	召し上がる
낫토	納豆	다시 한번	もう一度	듣다	聞く，聴く
내다	出す	다음 달	来月	-들	～たち
내리다	降りる	다음 주	来週	들어가다	入る，入って行く
내일	明日	다이어트	ダイエット	딸기	イチゴ
냉면	冷麺	다이어트하다	ダイエットする	떡볶이	トッポッキ
너무	とても，あまりにも	단어	単語	또	また
네	はい	닫다	閉める	뛰다	走る
넷	4	닭	鶏		
년	年	대개	だいたい		
노래	歌	대학교	大学	## ㄹ	
노래방	カラオケ	대학생	大学生	라디오	ラジオ
노래하다	歌う	댄스	ダンス	라면	ラーメン
노르웨이	ノルウェー	더	もっと	러시아	ロシア
노트	ノート	덥다	暑い	러시아어	ロシア語
노트북	ノートパソコン	-도	～も	-로	～(手段, 道具)で， ～(方向)へ
놀다	遊ぶ	도로	道路		

語彙リスト **241**

로마	ローマ
-를	～を

ㅁ	
마리	匹
마스크	マスク
마시다	飲む
마요네즈	マヨネーズ
마흔	40
만	万
만나다	会う
만들다	作る
많다	多い
많이	たくさん
말씀하시다	おっしゃる
말하다	言う，話す
맛	味
맛있게	おいしく
맛있다	おいしい
맛집	おいしい店
매운 음식	辛い料理
매일	毎日
맵다	辛い
머리	頭
먹다	食べる
먼저	先に
멀다	遠い
멋있다	素敵だ，格好いい
메뉴	メニュー
메모	メモ
메시지	メッセージ
메일	メール
며칠	何日
명	名
명동	明洞

몇	何～，いくつ
모두	全部，すべて
모레	明後日
모르다	分からない
모으다	集める
모자	帽子
목요일	木曜日
몫	分け前
못	～できない
못하다	下手だ，苦手だ
무겁다	重い
무료	無料
무리	無理
무슨	何の，どんな
무엇	何
문	ドア，門
문제	問題
묻다	尋ねる
물	水
물론	勿論
뭐	何
미국	アメリカ
미안하다	すまない
믿다	信じる
밑	下

ㅂ	
바나나	バナナ
바다	海
바쁘다	忙しい
바지	ズボン
밖	外
반	半
반갑다	(会えて)嬉しい
받다	もらう，受け取る

받침	パッチム
발음	発音
밥	ごはん
방	部屋
방학	(学校の長期)休み
배	お腹，梨，船
배구	バレーボール
배드민턴	バドミントン
배우	俳優
배우다	習う，学ぶ
백	百
백화점	デパート，百貨店
버리다	捨てる
버스	バス
번	番，回
별	星
병	～本
병원	病院
보내다	送る
보다	見る
-보다	～より
보통	普通，普段
복숭아	桃
볼펜	ボールペン
봄	春
봄방학	春休み
부르다	(歌を)歌う
부부	夫婦
부산	釜山
부엌	台所
-부터	～(時間・時期)から
분	分
불고기	プルゴギ
비	雨

242 チンチャ やさしい 韓国語

비밀	秘密	선물	プレゼント	스페인	スペイン
비빔밥	ビビンバ	선배	先輩	스페인어	スペイン語
비싸다	(値段が)高い	선생님	先生	스포츠	スポーツ
비행기	飛行機	설렁탕	ソルロンタン	슬프다	悲しい
빙수	かき氷	세다	数える	시	時
빨리	早く	세일하다	セールする	시간	時間
빵	パン	셋	3	시계	時計
		소주	焼酎	시부야	渋谷
人		소프트웨어	ソフトウェア	시월	10月
사	4	속도	速度	시즈오카	静岡
사과	リンゴ	손	手	시험	試験
사다	買う	손수건	ハンカチ	시험을 보다	試験を受ける
사람	人	쇼핑	ショッピング, 買い物	식당	食堂
사랑하다	愛する	쇼핑몰	ショッピングモール	식사	食事
사월	4月	쇼핑하다	ショッピングする, 買い物する	식사하다	食事する
사이	間			신문	新聞
사전	辞書	수박	スイカ	신칸센	新幹線
사진	写真	수업	授業	싫어하다	嫌いだ, 嫌う
사탕	飴	수업을 듣다	授業を受ける	십	10
산	山	수영하다	水泳する, 泳ぐ	십이월	12月
살	歳	수요일	水曜日	십일월	11月
살다	住む	숙제	宿題	싸다	安い
삼	3	숙제하다	宿題する	쌍	対, ペア
삼겹살	サムギョプサル	순두부찌개	スンドゥブチゲ	쓰다	書く, 使う, かぶる
삼계탕	サムゲタン	숟가락	スプーン	쓰레기	ゴミ
삼월	3月	술	お酒	씨	さん
삿포로	札幌	쉬다	休む	씹다	噛む
생일	誕生日	쉰	50	씻다	洗う
생활	生活	쉽다	易しい, 簡単だ		
샤워	シャワー	스물	20	**ㅇ**	
서다	立つ	스시	寿司	아까	さっき
서른	30	스웨터	セーター	아뇨	いいえ, アニヨの縮約形
서울	ソウル	스위스	スイス	아래	下
서점	書店, 本屋	스즈키	鈴木	아르바이트	アルバイト
		스파게티	スパゲッティ		

語彙リスト **243**

아메리카	アメリカ	어디	どこ	열다	開ける
아버지	お父さん	어디서	どこで，どこから の縮約形	영	0
아빠	パパ			영어	英語
아이	子供	어떤	どんな	영화	映画
아이들	子供たち	어떻게	どうやって，どの ように	영화관	映画館
아이디	ID			옆	横，隣
아이스커피	アイスコーヒー	어떻다	どうだ	예쁘다	かわいい，きれいだ
아이치	愛知	어렵다	難しい	예순	60
아저씨	おじさん	어머니	お母さん	예의	礼儀
아주	とても	어제	昨日	오	5
아침	朝，朝食	억	億	오늘	今日
아파트	マンション	언니	(妹から見た)姉	오다	来る，降る
아프다	痛い	언제	いつ	오렌지	オレンジ
아홉	9	언제나	いつも	오른쪽	右
아흔	90	얻다	得る	오빠	(妹から見た)兄
안	中	얼굴	顔	오사카	大阪
안	～ない	얼마	いくら	오월	5月
안경	眼鏡	얼마나	どのくらい	오이	きゅうり
안내하다	案内する	엄마	ママ	오전	午前
앉다	座る	없다	ない，いない	오후	午後
알다	分かる，知る	-에	～に	온도	温度
알바	アルバイト，アル バイトの縮約形	-에서	～(場所)から ～(場所)で	올해	今年
				옷	服
알바하다	アルバイトする	여기	ここ	-와	～と
앞	前	여덟	8	와이파이	Wi-Fi
야구	野球	여동생	妹	와인	ワイン
야마나시	山梨	여든	80	와타나베	渡辺
야채	野菜	여름	夏	왜	なぜ
약	薬	여섯	6	외국어	外国語
약속	約束	여우	キツネ	외우다	覚える
양	量	여유	余裕	왼쪽	左
얘기	話，이야기の縮約形	여행	旅行	요가	ヨガ
어느	どの	여행하다	旅行する	요리	料理
어느 거	どれ	역	駅	요리사	料理人
어둡다	暗い	연습하다	練習する		
		열	10		

244 チンチャ やさしい 韓国語

요리하다	料理する	음악	音楽	일흔	70
요일	曜日	-의	～の	읽다	読む
요코하마	横浜	의사	医者	입다	着る，履く
우동	うどん	의의	意義	입학	入学
우리	私たち，我々，うちの～	의자	椅子	있다	いる，ある
우산	傘	이	2，歯	잊다	忘れる
우아	優雅	이	この		
우유	牛乳	-이	～が		ス
우체국	郵便局	이거	これ，これの縮約形	자다	寝る
운동	運動	이것	これ	자막	字幕
운동선수	運動選手	이노우에	井上	자막 없이	字幕無しで
운동하다	運動する	이름	名前	자전거	自転車
운전	運転	이번	今度，今回	자주	しょっちゅう，よく
운전하다	運転する	이번 달	今月	작년	去年，昨年
울다	泣く	이번 주	今週	작다	小さい
웃다	笑う	이야기	話，縮約形は얘기	잔	杯
월	月	이야기하다	話す	잘	よく
월요일	月曜日	이월	2月	잘하다	上手だ，得意だ
위	上	인분	～人前	잠깐	少し，ちょっと
유도	柔道	인천	仁川	잠을 자다	寝る
유료	有料	인터넷	インターネット	잡다	つかまえる
유명하다	有名だ	일	1	잡지	雑誌
유아	幼児	일	日	잡채	チャプチェ
유월	6月	일	仕事	장	枚
유치원	幼稚園	일곱	7つ	재미있다	面白い
유튜브	YouTube	일본	日本	저	私
육	6	일본어	日本語	저	あの
-으로	～(手段，道具)で，～(方向)へ	일본어학과	日本語学科	저거	あれ
-은	～は	일어나다	起きる	저것	あれ
은행	銀行	일요일	日曜日	저기	あそこ
-을	～を	일월	1月	저녁	夕方，夜，晩，夕食
음료수	飲み物	일주일	一週間	적다	少ない
음식	食べ物，料理	일찍	早く	전공	専攻
		일하다	働く，仕事をする	전부	全部

語彙リスト **245**

전주	全州	지금	今	치다	する，打つ
전철	電車，列車	지난주	先週	치다	弾く
전혀	全然	지내다	過ごす	치료	治療
전화	電話	지리	地理	치마	スカート
전화번호	電話番号	지하철	地下鉄	치즈	チーズ
전화하다	電話する	직업	職業	치즈케이크	チーズケーキ
점심	昼，昼食	진짜	本当に	치킨	チキン
점심시간	昼食の時間	집	家	친구	友だち
젓가락	箸	짜다	塩辛い，しょっぱい	친구들	友人たち
정도	～ほど，～程度， ～くらい	-쯤	～ぐらい，～頃	친절하다	親切だ
정말	本当に	찌개	チゲ	칠	7
제	私の，저의の縮約形	찍다	撮る	칠월	7月
제가	私が			침대	ベッド
제일	いちばん，最も				
제주도	済州島	**え**			
조금	少し，縮約形は좀	차	お茶，車	**ヲ**	
조사	調査	참	とても	카드	カード
좀	少し，조금の縮約形	참	そうだ	카레	カレー
좁다	狭い	찾다	探す	카메라	カメラ
좋다	良い	책	本	카페	カフェ
좋아하다	好きだ，好む	책상	机	카페라테	カフェラテ
주다	あげる，くれる	처음	初めて	커피	コーヒー
주말	週末	천	千	컴퓨터	コンピューター
주무시다	お休みになる	청소	掃除	케이크	ケーキ
주문하다	注文する	청소하다	掃除する	케이팝	K-POP
주부	主婦	초대	招待	켜다	点ける
주스	ジュース	초대하다	招待する	코	鼻
주의	注意	초콜릿	チョコレート	코끼리	ゾウ
준비하다	準備する	축구	サッカー	코코아	ココア
중국	中国	축하	祝賀，お祝い	콘서트	コンサート
중국어	中国語	축하하다	祝う，祝賀する	크다	大きい，（背が）高い
중학생	中学生	춥다	寒い	크리스마스	クリスマス
지갑	財布	취미	趣味	클래식	クラシック
		층	～階	키	背

チンチャ やさしい **韓国語**

키위	キウイ

ㅌ

타다	乗る
태권도	テコンドー
테니스	テニス
텔레비전	テレビ
토끼	ウサギ
토마토	トマト
토요일	土曜日

ㅍ

파르페	パフェ
파리	パリ
파스타	パスタ
파워	パワー
파티	パーティー
팔	8
팔월	8月
편의점	コンビニ
포도	ぶどう
프랑스	フランス
프랑스어	フランス語
피	血
피아노	ピアノ
피아노를 치다	ピアノを弾く
피자	ピザ
필통	筆箱

ㅎ

-하고	～と
하나	1つ
하나	1

하다	する
하와이	ハワイ
하지만	しかし，けれども
하코네	箱根
학과	学科
학교	学校
학년	学年
학생	学生
학생 식당	学生食堂
학생들	学生たち
한국	韓国
한국말	韓国語
한국어	韓国語
한글	ハングル
한복	韓服
한옥마을	韓屋村
한일	韓日
-한테	～(人)に
-한테서	～(人)から
할머니	祖母，おばあさん
할아버지	祖父，おじいさん
항상	いつも
해외여행	海外旅行
핸드폰	携帯電話
형	(弟から見た)兄
형제	兄弟
호관	～号館
호텔	ホテル
혼자	一人
혼자서	一人で
홋카이도	北海道
홍콩	香港
화요일	火曜日

화장실	トイレ
화장품	化粧品
회사	会社
회사에 다니다	会社に勤める
회사원	会社員
후	後
후배	後輩
후쿠오카	福岡
휴가	休暇
힘들다	大変だ

日本語	韓国語
123	
0	공, 영
1	일, 하나, 한
2	이, 둘, 두
3	삼, 셋, 세
4	사, 넷, 네
5	오, 다섯
6	육, 여섯
7	칠, 일곱
8	팔, 여덟
9	구, 아홉
10	십, 열
20	이십, 스물, 스무
30	삼십, 서른
40	사십, 마흔
50	오십, 쉰
60	육십, 예순
70	칠십, 일흔
80	팔십, 여든
90	구십, 아흔
1月	일월
2月	이월
3月	삼월
4月	사월
5月	오월
6月	유월
7月	칠월
8月	팔월
9月	구월
10月	시월
11月	십일월
12月	십이월

ABC	
ID	아이디
K-POP	케이팝
Wi-Fi	와이파이
YouTube	유튜브

あ	
アイスコーヒー	아이스커피
愛する	사랑하다
愛知	아이치
会う	만나다
秋	가을
開ける	열다
あげる, くれる	주다
朝, 朝食	아침
明後日	모레
味	맛
明日	내일
あそこ	저기
遊ぶ	놀다
頭	머리
暑い	덥다
集める	모으다
後	후
（弟から見た）兄	형
（妹から見た）兄	오빠
（弟から見た）姉	누나
（妹から見た）姉	언니
あの	저
飴	사탕
雨	비
アメリカ	미국
洗う	씻다
ありがたい	고맙다
歩く	걷다

アルバイト	아르바이트, 縮約形은 알바
アルバイトする	알바하다
あれ	저거
あれ	저것
案内する	안내하다
安寧に, 気を付けて	안녕히

い	
いいえ	아뇨 (아니요의 縮約形)
言う, 話す	말하다
家	집
意義	의의
行く	가다
いくら	얼마
医者	의사
椅子	의자
忙しい	바쁘다
痛い	아프다
イチゴ	딸기
いちばん, 最も	가장, 제일
いつ	언제
一週間	일주일
一緒に	같이
いつも	언제나, 항상
犬	개
井上	이노우에
今	지금
妹	여동생
いらっしゃる	계시다
いる, ある	있다
祝う, 祝賀する	축하하다
インターネット	인터넷
仁川	인천

248　チンチャ やさしい 韓国語

う

上	위
ウサギ	토끼
後ろ	뒤
うそ	거짓말
歌	노래
歌う	노래하다
(歌を)歌う	부르다
うどん	우동
(会えて)うれしい	반갑다
嬉しい	기쁘다
運転	운전
運転する	운전하다
運動	운동
運動する	운동하다
運動選手	운동선수

え

映画	영화
映画館	영화관
英語	영어
駅	역
得る	얻다

お

おいしい	맛있다
おいしい店	맛집
おいしく	맛있게
多い	많다
大きい, (背が)高い	크다
大阪	오사카
お母さん	어머니
お菓子	과자
お金	돈
起きる	일어나다

億	억
置く	놓다
送る	보내다
遅れる	늦다
お酒	술
おじさん	아저씨
教える	가르치다
遅い	늦다
お茶, 車	차
おっしゃる	말씀하시다
お父さん	아버지
弟	남동생
弟・妹	동생
お腹, 梨, 船	배
同じだ	같다
お弁当	도시락
覚える	외우다
重い	무겁다
面白い	재미있다
お休み(なさい)	잘 자
お休みになる	주무시다
降りる	내리다
オレンジ	오렌지
終わる	끝나다
音楽	음악
温度	온도

か

～が	-가 / 이
カード	카드
～階	층
海外旅行	해외여행
外国語	외국어
会社	회사
会社員	회사원

会社に勤める	회사에 다니다
買う	사다
顔	얼굴
かかる	걸리다
柿	감
かき氷	빙수
家具	가구
書く, 使う, かぶる	쓰다
学生	학생
学生食堂	학생 식당
学生たち	학생들
学年	학년
傘	우산
歌手	가수
ガス	가스
風邪	감기
風邪を引く	감기에 걸리다
数える	세다
家族	가족
家族写真	가족사진
課題	과제
学科	학과
学校	학교
神奈川	가나가와
悲しい	슬프다
必ず	꼭
かなり	꽤
カニ	게
カバン	가방
カフェ	카페
カフェラテ	카페라테
噛む	씹다
カメラ	카메라
通う	다니다
火曜日	화요일

語彙リスト **249**

～（時間・時期）から	-부터	京都	교토	子犬	강아지
～（場所）から	-에서	去年，昨年	작년	公園	공원
～（人）から	-한테서	嫌いだ，嫌う	싫어하다	～号館	호관
辛い	맵다	着る，履く	입다	高校	고등학교
辛い料理	매운 음식	きれいだ，清潔だ	깨끗하다	高校生	고등학생
カラオケ	노래방	金銀	금은	高速鉄道	KTX
軽い	가볍다	銀行	은행	高速道路	고속도로
カレー	카레	キンパ	김밥	後輩	후배
かわいい，きれいだ	귀엽다, 예쁘다	金曜日	금요일	公務員	공무원
間	사이			コーヒー	커피
韓国	한국			故郷	고향
韓国語	한국말, 한국어	**く**		ここ	여기
簡単	간단	空港	공항	午後	오후
韓日	한일	空腹だ	고프다	ココア	코코아
韓服	한복	薬	약	午前	오전
		果物	과일	今年	올해
		靴	구두	子供	아이
き		クッパ	국밥	子供たち	아이들
キウイ	키위	熊	곰	この	이
器具	기구	暗い	어둡다	小林	고바야시
聞く，聴く	듣다	～ぐらい，～頃	-쯤	ごはん	밥
キツネ	여우	クラシック	클래식	ゴミ	쓰레기
昨日	어제	クリスマス	크리스마스	ゴルフ	골프
岐阜	기후	来る，降る	오다	これ	이것, 縮約形は 이거
気分，気持ち	기분			今月	이번 달
キムチ	김치			コンサート	콘서트
キムチチゲ	김치찌개	**け**		今週	이번 주
着物	기모노	携帯電話	핸드폰	今度，今回	이번
休暇	휴가	ケーキ	케이크	コンビニ	편의점
牛乳	우유	ゲーム	게임	コンピューター	컴퓨터
きゅうり	오이	ゲームする	게임하다		
今日	오늘	化粧品	화장품		
教科書	교과서	消す	끄다	**さ**	
教師	교사	月曜日	월요일	サークル	동아리
教室	교실			歳	살
兄弟	형제	**こ**		財布	지갑
		個	개		

250　チンチャ やさしい 韓国語

探す	찾다	授業	수업	少ない	적다
先に	먼저	授業を受ける	수업을 듣다	少し	조금, 縮約形은 좀
冊	권	祝賀，お祝い	축하	少し，ちょっと	잠깐
サッカー	축구	宿題	숙제	過ごす	지내다
さっき	아까	宿題をする	숙제하다	寿司	스시
雑誌	잡지	主婦	주부	鈴木	스즈키
札幌	삿포로	趣味	취미	素敵だ，格好いい	멋있다
寒い	춥다	準備する	준비하다	捨てる	버리다
サムギョプサル	삼겹살	上手だ，得意だ	잘하다	スパゲッティ	스파게티
サムゲタン	삼계탕	招待	초대	スプーン	숟가락
さん	씨	招待する	초대하다	スペイン	스페인
		焼酎	소주	スペイン語	스페인어

し

		職業	직업	スポーツ	스포츠
時	시	食事	식사	ズボン	바지
塩辛い，しょっぱい	짜다	食事する	식사하다	すまない	미안하다
しかし，けれども	하지만	食堂	식당	住む	살다
時間	시간	しょっちゅう，よく	자주	する	하다
試験	시험	ショッピング，買い物	쇼핑	する，打つ	치다
～時限	-교시	ショッピングする，買い物する	쇼핑하다	座る	앉다
試験を受ける	시험을 보다	ショッピングモール	쇼핑몰	スンドゥブチゲ	순두부찌개
仕事	일	書店，本屋	서점		
辞書	사전	新幹線	신칸센		
静岡	시즈오카	信じる	믿다		
下	밑, 아래	親切だ	친절하다		
しっぽ	꼬리	新聞	신문		

せ

自転車	자전거			背	키
渋谷	시부야			生活	생활
字幕	자막			セーター	스웨터
字幕無しで	자막 없이	## す		セールする	세일하다
閉める	닫다	水泳する，泳ぐ	수영하다	狭い	좁다
写真	사진	スイカ	수박	千	천
シャワー	샤워	スイス	스위스	専攻	전공
ジュース	주스	推測・意志・婉曲	-겠-	先週	지난주
柔道	유도	水曜日	수요일	先週末	지난 주말
週末	주말	スカート	치마	先生	선생님
		好きだ，好む	좋아하다	全然	전혀
				先輩	선배

語彙リスト **251**

全部，すべて	다, 모두, 전부	~たち	-들	**つ**	
		立つ	서다	つかまえる	잡다
そ		建物	건물	月	월
ゾウ	코끼리	田中	다나카	机	책상
掃除	청소	食べ物	음식	作る	만들다
掃除する	청소하다	食べる	먹다	点ける	켜다
そうだ	참	たまに	가끔		
ソウル	서울	誰	누구	**て**	
速度	속도	誰が	누가	手	손
そこ	거기	単語	단어	~(場所)で	-에서
そして	그리고	誕生日	생일	~(手段,道具)で，	-로/-으로
外	밖	ダンス	댄스	~(方向)へ	
その	그			~できない	못
祖父，おじいさん	할아버지	**ち**		テコンドー	태권도
ソフトウェア	소프트웨어	血	피	手伝う	돕다
祖母，おばあさん	할머니	小さい	작다	テニス	테니스
ソルロンタン	설렁탕	チーズ	치즈	デパート，百貨店	백화점
それ	그거, 그것	チーズケーキ	치즈케이크	出る，出て行く	나가다
それでは，じゃあ	그럼	済州島	제주도	テレビ	텔레비전
それでも	그래도	近い	가깝다	天気	날씨
		地下鉄	지하철	電車，列車	전철
た		チキン	치킨	電話	전화
対，ペア	쌍	チゲ	찌개	電話する	전화하다
ダイエット	다이어트	チャプチェ	잡채	電話番号	전화번호
ダイエットする	다이어트하다	注意	주의		
大学	대학교	中学生	중학생	**と**	
大学生	대학생	中国	중국	と	-하고/-와/-과
大丈夫だ	괜찮다	中国語	중국어	ドア，門	문
だいたい	대개	昼食の時間	점심시간	ドイツ	독일
台所	부엌	注文する	주문하다	ドイツ語	독일어
大変だ	힘들다	調査	조사	トイレ	화장실
(値段が)高い	비싸다	チョコレート	초콜릿	東京	도쿄
たくさん	많이	全州	전주	どうだ	어떻다
出す	내다	地理	지리	豆腐	두부
尋ねる	묻다	治療	치료		

どうやって，どのように	어떻게
道路	도로
遠い	멀다
読書	독서
時計	시계
どこ	어디
どこで	어디서 (어디에서의 縮約形)
ところが，ところで	그런데, 縮約形は근데
都市	도시
図書館	도서관
トッポッキ	떡볶이
とても	아주, 참
とても，あまりにも	너무
どの	어느
どのくらい	얼마나
トマト	토마토
友だち	친구
土曜日	토요일
ドライブ	드라이브
ドラマ	드라마
鶏	닭
撮る	찍다
どれ	어느 거
どんな	어떤

な	
ない	안
ない，いない	없다
中	안
長野	나가노
泣く	울다
名古屋	나고야
なぜ	왜

夏	여름
納豆	낫토
何	몇, 무엇, 뭐
何～	몇
名前	이름
奈良	나라
習う，学ぶ	배우다
なる	되다
何日	며칠
何の，どんな	무슨

に	
～に	-에
～(人)に	-한테
肉	고기
日	일
日曜日	일요일
日本	일본
日本語	일본어
日本語学科	일본어학과
入学	입학
ニュース	뉴스
ニューヨーク	뉴욕
～人前	인분

ね	
猫	고양이
寝る	자다, 잠을 자다
年	년

の	
～の	-의
ノート	노트
ノートパソコン	노트북
飲み物	음료수

飲む	마시다
乗る	타다
ノルウェー	노르웨이

は	
歯	이
は	-는/-은
パーティー	파티
はい	네
杯	잔
俳優	배우
入る，入って行く	들어가다
箱根	하코네
箸	젓가락
初めて	처음
走る	뛰다
バス	버스
バスケットボール	농구
パスタ	파스타
働く，仕事をする	일하다
発音	발음
パッチム	받침
バドミントン	배드민턴
花	꽃
鼻	코
話	이야기, 얘기
話す	이야기하다
バナナ	바나나
韓屋村	한옥마을
パパ	아빠
パフェ	파르페
早く	빨리, 일찍
パリ	파리
春	봄
春休み	봄방학

語彙リスト 253

バレーボール	배구	筆箱	필통	マスク	마스크
パワー	파워	ぶどう	포도	また	또
ハワイ	하와이	冬	겨울	待つ	기다리다
半	반	フランス	프랑스	～まで	-까지
パン	빵	フランス語	프랑스어	ママ	엄마
～番，～回	번	プルゴギ	불고기	マヨネーズ	마요네즈
ハンカチ	손수건	プレゼント	선물	万	만
ハングル	한글	～分	분	マンション	아파트

ひ

ピアノ	피아노
ピアノを弾く	피아노를 치다
匹	마리
（風邪を）引く	걸리다
弾く	치다
飛行機	비행기
ピザ	피자
左	왼쪽
人	사람
一人	혼자
一人で	혼자서
ビビンバ	비빔밥
秘密	비밀
百	백
病院	병원
昼，昼食	점심

ふ

夫婦	부부
服	옷
福岡	후쿠오카
釜山	부산
部室	동아리방
再び	다시
普通，普段	보통

へ

下手だ，苦手だ	못하다
ベッド	침대
部屋	방
勉強	공부
勉強する	공부하다

ほ

帽子	모자
ボールペン	볼펜
星	별
北海道	홋카이도
ホテル	호텔
～ほど，～程度， ～くらい	정도
ほとんど	거의
ホラー映画	공포 영화
本	책
～本	병
香港	홍콩
本当に	정말, 진짜

ま

枚	장
毎日	매일
前	앞

み

ミカン	귤
右	오른쪽
水	물
耳	귀
明洞	명동
見る	보다

む

難しい	어렵다
無理	무리
無料	무료

め

名	명
メール	메일
眼鏡	안경
召し上がる	드시다
メニュー	메뉴
メモ	메모

も

～も	-도
もう一度	다시 한번
木曜日	목요일
勿論	물론

チンチャ やさしい 韓国語

持ってくる	가져오다
もっと	더
桃	복숭아
もらう，受け取る	받다
問題	문제

や

野球	야구
約束	약속
野菜	야채
易しい，簡単だ	쉽다
安い	싸다
（学校の長期）休み	방학
休む	쉬다
山	산
山梨	야마나시

ゆ

優雅	우아
夕方，夜，晩，夕食	저녁
友人たち	친구들
郵便局	우체국
有名だ	유명하다
有料	유료
雪	눈

よ

良い	좋다
幼児	유아
幼稚園	유치원
曜日	요일
ヨガ	요가
よく	잘
横，隣	옆

横浜	요코하마
読む	읽다
余裕	여유
〜より	-보다

ら

ラーメン	라면
来月	다음 달
来週	다음 주
ラジオ	라디오

り

量	양
寮，寄宿舎	기숙사
料理	요리, 음식
料理する	요리하다
料理人	요리사
旅行	여행
旅行する	여행하다
リンゴ	사과

れ

礼儀	예의
冷麺	냉면
練習する	연습하다

ろ

ローマ	로마
ロシア	러시아
ロシア語	러시아어

わ

ワイン	와인
分からない	모르다

分かる，知る	알다
分け前	몫
忘れる	잊다
私	저
私が	제가
私たち，我々，うちの〜	우리
私の	제 (저의 축약형)
渡辺	와타나베
笑う	웃다
悪い	나쁘다

を

〜を	-를/-을

ハングルの子音

ㄱの名前	기역
ㄴの名前	니은
ㄷの名前	디귿
ㄹの名前	리을
ㅁの名前	미음
ㅂの名前	비읍
ㅅの名前	시옷
ㅇの名前	이응
ㅈの名前	지읒
ㅊの名前	치읓
ㅋの名前	키읔
ㅌの名前	티읕
ㅍの名前	피읖
ㅎの名前	히읗
ㄲの名前	쌍기역
ㄸの名前	쌍디귿
ㅃの名前	쌍비읍
ㅆの名前	쌍시옷
ㅉの名前	쌍지읒

反切表

子音＼母音		1 ㅏ [a]	2 ㅑ [ja]	3 ㅓ [ɔ]	4 ㅕ [jɔ]	5 ㅗ [o]	6 ㅛ [jo]	7 ㅜ [u]	8 ㅠ [ju]	9 ㅡ [ɯ]	10 ㅣ [i]
1	ㄱ [k/g]	가	갸	거	겨	고	교	구	규	그	기
2	ㄴ [n]	나	냐	너	녀	노	뇨	누	뉴	느	니
3	ㄷ [t/d]	다	댜	더	뎌	도	됴	두	듀	드	디
4	ㄹ [r]	라	랴	러	려	로	료	루	류	르	리
5	ㅁ [m]	마	먀	머	며	모	묘	무	뮤	므	미
6	ㅂ [p/b]	바	뱌	버	벼	보	뵤	부	뷰	브	비
7	ㅅ [s]	사	샤	서	셔	소	쇼	수	슈	스	시
8	ㅇ [-]	아	야	어	여	오	요	우	유	으	이
9	ㅈ [ʧ/ʤ]	자	쟈	저	져	조	죠	주	쥬	즈	지
10	ㅊ [ʧʰ]	차	챠	처	쳐	초	쵸	추	츄	츠	치
11	ㅋ [kʰ]	카	캬	커	켜	코	쿄	쿠	큐	크	키
12	ㅌ [tʰ]	타	탸	터	텨	토	툐	투	튜	트	티
13	ㅍ [pʰ]	파	퍄	퍼	펴	포	표	푸	퓨	프	피
14	ㅎ [h]	하	햐	허	혀	호	효	후	휴	흐	히
15	ㄲ [ˀk]	까	꺄	꺼	껴	꼬	꾜	꾸	뀨	끄	끼
16	ㄸ [ˀt]	따	땨	떠	뗘	또	뚀	뚜	뜌	뜨	띠
17	ㅃ [ˀp]	빠	뺘	뻐	뼈	뽀	뾰	뿌	쀼	쁘	삐
18	ㅆ [ˀs]	싸	쌰	써	쎠	쏘	쑈	쑤	쓔	쓰	씨
19	ㅉ [ˀʧ]	짜	쨔	쩌	쪄	쪼	쬬	쭈	쮸	쯔	찌

辞書のハングル配列順

母音字母　ㅏ ㅐ ㅑ ㅒ ㅓ ㅔ ㅕ ㅖ ㅗ ㅘ ㅙ ㅚ ㅛ ㅜ ㅝ ㅞ ㅟ ㅠ ㅡ ㅢ ㅣ

子音字母　ㄱ (ㄲ) ㄴ ㄷ (ㄸ) ㄹ ㅁ ㅂ (ㅃ) ㅅ (ㅆ) ㅇ ㅈ (ㅉ) ㅊ ㅋ ㅌ ㅍ ㅎ

チンチャ やさしい 韓国語

11	12	13	14	15	16	17	18	19	20	21
ㅐ	ㅒ	ㅔ	ㅖ	ㅘ	ㅙ	ㅚ	ㅝ	ㅞ	ㅟ	ㅢ
[ɛ]	[jɛ]	[e]	[je]	[wa]	[wɛ]	[we]	[wɔ]	[we]	[wi]	[ɯi]
개	걔	게	계	과	괘	괴	궈	궤	귀	긔
내	냬	네	녜	놔	놰	뇌	눠	눼	뉘	늬
대	댸	데	뎨	돠	돼	되	둬	뒈	뒤	듸
래	럐	레	례	롸	뢔	뢰	뤄	뤠	뤼	릐
매	먜	메	몌	뫄	뫠	뫼	뭐	뭬	뮈	믜
배	뱨	베	볘	봐	봬	뵈	붜	붸	뷔	븨
새	섀	세	셰	솨	쇄	쇠	숴	쉐	쉬	싀
애	얘	에	예	와	왜	외	워	웨	위	의
재	쟤	제	졔	좌	좨	죄	줘	줴	쥐	즤
채	챼	체	쳬	촤	쵀	최	춰	췌	취	츼
캐	컈	케	켸	콰	쾌	쾨	쿼	퀘	퀴	킈
태	턔	테	톄	톼	퇘	퇴	퉈	퉤	튀	틔
패	퍠	페	폐	퐈	퐤	푀	풔	풰	퓌	픠
해	햬	헤	혜	화	홰	회	훠	훼	휘	희
깨	꺠	께	꼐	꽈	꽤	꾀	꿔	꿰	뀌	끠
때	떄	떼	뗴	똬	뙈	뙤	뚸	뛔	뛰	띄
빼	뺴	뻬	뼤	빠	뽸	뾔	뿨	뿰	쀠	쁴
쌔	썌	쎄	쎼	쏴	쐐	쐬	쒀	쒜	쒸	씌
째	쨰	쩨	쪠	쫘	쫴	쬐	쭤	쮀	쮜	찍

257

反切表

MEMO

MEMO

著者紹介

金珉秀（きむ みんす）

筑波大学大学院文芸・言語研究科博士課程修了。博士（言語学）。
（現）東海大学語学教育センター准教授

崔文姫（ちぇ むんひ）

首都大学東京（現 東京都立大学）大学院人文科学研究科博士後期課程修了。博士（文学）。
（現）中京大学教養教育研究院教授

金由那（きむ ゆな）

名古屋大学大学院国際言語文化研究科博士後期課程修了。博士（学術）。
（現）中京大学，名城大学などで非常勤講師

チンチャ やさしい 韓国語

初版発行 2025年3月31日

著 者 金珉秀・崔文姫・金由那
発 行 人 中嶋 啓太

発 行 所 博英社
〒370-0006 群馬県 高崎市 問屋町 4-5-9 SKYMAX-WEST
TEL 027-381-8453 / FAX 027-381-8457
E・MAIL hakueisha@hakueishabook.com
HOMEPAGE www.hakueishabook.com

ISBN 978-4-910132-76-1

© 金珉秀・崔文姫・金由那, 2025, Printed in Korea by Hakuei Publishing Company.

＊乱丁・落丁本は、送料小社負担にてお取替えいたします。
＊本書の全部または一部を無断で複写複製(コピー)することは、著作権法上での例外を除き、禁じられています。